成为您的美好时光

隐匿于日常生活中的真相

静 默

是奢侈，还是恐惧？

silence _ JOHN BIGUENET

〔美〕约翰·毕谷纳特 _ 著

康凌 _ 译

上海文艺出版社
Shanghai Literature & Art Publishing House

“此外唯余沉默。”

——莎士比亚

目 录

四

五

1

何谓静默？

我们或许会认为，在宇宙的某个角落，人迹未至之处，有一片静默之域在等待着（当然，未来的探索者总是使它的疆界不断后退），那是一片未受生命侵扰的寂静海洋，一片默然无声的处女地。但是，假若我们将静默看作某处我们终将涉足的目的地，那我们的想象就已领我们走上歧路。

同样的，在一个不那么诗意的层面，假若我们认为静默不过是声波的缺乏，或更准确地说，是传导声波的媒介的缺乏，那么，即便我们是对的，也已错失了一个更为重要的问题：

静默是人类局限的尺度。本书的讨论对象位于人类听觉感知能力的上下限之外，因此它必然是某种我们无法生理地经验的东西。归根结底，“静默”是一个我们为那些无法为我们所觉察、聆听之物所准备的词汇。（当然，假如我们无法聆听静默，那么失聪者所经验的又是什么呢？）

为了更方便地把握这一论述的意涵，我们可以求助于视觉，以及与耳朵相似的器官：眼睛。我们已经越来越习惯于可见与不可见之间的区分在现代的日益消散。正如我们坚信存在着一种静默的现实——譬如狗哨，它向这种耷拉着耳朵的宠物发出的是人类所无法听见的高频信号——我们也接受了构成这一现实的强子和夸克的存在。我们的科学家说服了我们：尽管由于视觉的限制，有些现象为我们的眼睛所不可见，但它们实际上是存在的。他们以非直接的观测，且常常是天才的构想证明了这一存在。

因而，我们曾经在“眼见为实”这样的日常表述中所寄托的错误信念，正让位于一种对不可见之物的现代信仰——一个超越感官的世界。譬如说，我们不再质疑物质的基础构造——即那些不可见的质子、中子和电子的排布。尽管缺乏支持这一信念的数学能力，我们依旧全然狂热地相信着。

自然世界不断扩张，将人们看不见、听不到的东西纳入其中，这一过程日益加速，即便现代性无休无止地与其他形式的不可见与不可闻之物开战，并习惯性地将它们斥为超自然现象。我们被要求去承认来自我们的银河系中心的脉冲辐射的存在，它从未被我们看到或听到，但却可以用射电望远镜来观测——这一设备的名字本身就暗示了可被我们的眼睛与耳朵所觉察的现实，与不可被觉察的现实之间的一致性。而与此同时，公众舆论却日益将巫师视为骗子，将对鬼神的信奉视为心理疾病的症状。

005 我们对这一切坦然接受，直到我们开始试图区分我们所嘲笑的不可闻见之物与我们所尊崇的那些。举例而言，巫术专家和正教牧师之间有什么分别？如果我们进一步探询这一窘境，那么我们完全可以问，列名天主教会《殉道圣人录》的圣女贞德，究竟是回应了来自上天的声音，还是出现了幻听？[1]后者现在通常被心理健康专家与精神分裂和精神错乱联系在一起。

---

1 圣女贞德自称十三岁时曾看到了大天使米加勒、圣玛加利大和亚历山大的加大肋纳，并听到了上帝的声音，后者要她去收复当时被英格兰占领的法国。后来有学者认为这是由疾病造成的幻觉。——译者注

当然，要代替读者回答这些问题将是十分冒昧的。但是，一方面，在短短的近数百年里，一个由无法听到、看到的现象所构成的宇宙被发现了；另一方面，又有其他被广泛承认了上千年的、同样超越了我们的感官范围的现象存在。困难在于，我们既要反对将前者作为事实承认下来的意愿，又质疑（且日益拒绝）后者的存在。

2013年末的一次哈里斯民意调查显示，在近四年里，美国成年人中对上帝的信仰从82％降到了75％，而相信奇迹、天堂、灵魂重生、天使与魔鬼以及女巫的人数也同样在下降。[1] 如果需要更具体的证据，《华尔街日报》曾在

---

1 "Americans' Belief in God, Miracles and Heaven Decline," *Harris Interactive*, December 16, 2013. Accessed February 22, 2015. http://www.harrisinteractive.com/NewsRoom/HarrisPolls/tabid/447/ctl/ReadCustom%20Default/mid/1508/ArticleId/1353/Default.aspx.

2015年的一篇文章中提到，荷兰教会当局预计将在未来十年内关闭全国1600家天主教堂中的1100家，同时在未来四年内关闭700家新教教堂。德国已经在过去的十年间关闭了515家教堂，同时有200家丹麦教堂被认为无法继续维持下去。[1]

一方面，我们已经学会超越感官，发见自身知觉之外的东西。另一方面，由于我们成功设计出了各种方案来验证上述知识，我们便愈发怀疑那些拒绝我们的验证方式的、对不可察知之物的信仰。

因此，尽管静默是一个我们大多数人都私以为熟悉的对象，但事实上，它却是一个我们只能借着种种猜测来涉险进入的领域，这些猜

1 Naftali Bendavid, "Europe's Empty Churches Go on Sale," *The Wall Street Journal*, January 3-4, 2015, A8.

测有时会为我们的科学家们所证实，而同时，它先前所属的领域，即那个不可言说之物的领域，却在不断缩小。

然而，纵然静默将永远为我们所不可触及，但这种关于空无的概念，就像一个零占位符，其作用将是无穷无尽的——在这个喧闹的世界上，它价值连城。

2

贩卖静默

“……对我们无法言说的东西，我们必须保持沉默。”维特根斯坦在其 1922 年的《逻辑哲学论》里，谕令我们尊重语言的界限。在此界限之外，这位哲学家告诉我们，便是无意义。然而，静默绝不仅是我们对无知的顺从，不仅是我们由于羞耻而发出的惭愧的叹惋，也不仅是我们向不可言说之物所作的祈祷。

今天，静默同时也是一件商品，其买卖价格足以媲美那些最受欢迎的消费品。“让我们享有宁静的奢侈，”简·奥斯汀在《曼斯菲尔德庄园》中写道。不幸的是，这一奢侈的代价正日益超越大多数顾客的能力。

“因此在今天，奢侈在很大程度上与宁静之声有关。”来自品牌发展公司红色侦察的约拿·迪森承认，并将无手机静修[1]作为一个例子。另外，马克·埃尔伍德也描述了瑞士奢侈品手表江诗丹顿的制表师是如何费尽心机，以使那块价值 409900 美元的腕表的仅仅一个机械部件静音的：

> 声音是江诗丹顿的最新杰作的核心。它的技术团队打造出了最为纯粹的报时声，他们发明出一种无声调速器，以此将背景噪音减到最低。这款手表的控件使用了微缩的螺丝与转子，取代了传统的水平

1 无手机静修（Cell-phone Free Retreats）指全程禁用手机的静修方式。——译者注

式系统，以此消除即使是最轻微的旋转声。这款被称为飞击控件的运作是如此复杂，以至于江诗丹顿只有四位制表师能够制作，他们每位都在钟表制造领域具有至少 15 年的经验。[1]

我们或许应当赞赏江诗丹顿在消除微弱噪音方面提供的优美方案——精巧的制表工程以及制表大师们的巧工匠心。但是，由静默所创造出的附加值，大都流入了那些制造了为我们所避之不及的噪音的人的口袋。

很少有什么行业像航空运输业一样，会以降低由他们自己制造出来的噪音为由大肆敛财。然而，尽管航空公司日渐凶残地将之前免

---

1 Mark Ellwood, "The Sound of Luxury," *Departures*, September 2014, 190.

费的服务设施转化为收费项目，关于额外费用的抱怨中却很少涉及进入机场休息厅所需的高昂价格——而这正是最为成功的兜售宁静的伎俩之一。

假如你曾忍受过那些声音粗粝的关于登机
011 口变动、关于登机通知，或关于电话转接的机场广播，假如你曾对大喇叭里刺耳的背景音乐或 CNN 关于美国宠物肥胖问题的特别节目感到厌烦，又假如你曾被候机楼里运送残疾人的小车的喇叭声所惊吓，那么你就不会奇怪为什么机场休息厅最受欢迎的特征便是它昏暗的灯光与喑哑的分贝，它们在休息厅接待处向人们致意。因为，抛开免费的零食、新鲜的水果、赠送的软饮与酒类以及为满足顾客的阅读乐趣而特选的商业杂志，旅客们最想在嘈杂的航站楼里购得的，便是一处休憩之所。

这些休息厅的布局将安静的工作区域区隔

于地毯式酒吧与防噪的儿童娱乐室。即便在那些挂着电视机播着商业新闻和体育比赛的最热闹的区域，也维持着一种得体的庄重，极少有人喧哗。作为航空公司提供给头等舱旅客和持有俱乐部会员的常旅客的服务，机场休息厅在其促销材料和入口处都清楚地表明，噪音与宁静的区隔表达了阶级的区隔。

譬如说，美国航空就明确地将它的“海军将官俱乐部”[1]作为地位的象征来进行营销：“请将海军将官俱乐部休息室视为一处宁静的绿洲——远离所有机场的喧嚣。因为我们知道，为您自身提供更多一点空间，将极大地提高您的出行体验。”美联航俱乐部则承诺，付出500美金的年费，你将能够“在等候航班

1 美国航空（American Airlines）在各机场设置的贵宾室。——译者注

时，在一个精致的环境中放松身心。”不出意料地，许多俱乐部都有着装上的规定。

宁静与财富之间的联结当然并不是最近才出现的营销策略，但将宁静与特权结合在一起，事实上正是机场休息室的目的所在。

宁静对财富的这种尊奉，在旅客登机升空后更为明显，因为噪音不仅在机场里可以被控制，在飞机上也一样。1986 年，博士公司的降噪耳机被首次引入并使用在 NASA 的航天飞机与国际空间站中，以保护飞行员的听力。而今天，这款以电池驱动的耳机的民用级产品售价最低约为 300 美元，它可以在短短几英尺的距离外消去飞机引擎的巨大轰鸣。我曾从一位故去的亲人那里继承了一副这样的耳机，因此得以亲身佐证这一技术的惊人效果：它确实可以让人在一次穿越全境的旅行中因保持几乎全程静音而不那么疲劳。

博士公司当然清楚，在一次令人精疲力竭的旅途中，安静对人而言具有多大的吸引力。因此，每一副耳机套装中都附有一只封套，其中装有以法语和英语印制的“致敬卡”，以便分发给任何前来询问如何买到这种耳机的人。

由此，有了500美金的航空公司俱乐部会员资格和300美金的降噪耳机，人们便能在全然安静的环境中完成飞行旅程——这样一种奢侈，如同大部分奢侈品一样，当你愈来愈频繁地享受它的愉悦，它就愈来愈成为一种必须，而非奢侈。

公正地说，我必须承认，空中旅行有时为所有级别的旅客都提供了安静的旅行环境。当然，这样一种静默代表着与安详宁静全然不同的意味。

在一天清晨从新奥尔良飞往休斯敦的短途飞机上，我和其他乘客都被机舱里令人担忧的静默吓到了：正当飞机开始在跑道上滑行时，一位修女突然开始大声祷告，好像她知道一些其他人不知道的事。当飞机起飞的重力将我们压在椅背上时，许多乘客开始和她一起吟诵圣母经和天主经。直到飞机起落架收进机腹，我们到达一万英尺之后，才有一位机组人员用对讲机向我们解释道，飞机上的很多乘客都要去往梅久戈耶（当时那里还属于南斯拉夫），1981年，圣母玛利亚曾在那里向六位青少年显身。我们后来知道，这些朝圣者将一路祷告到德州。

尽管我们在这趟旅途中的焦虑的沉默最终转为宽慰——至少在我们知道了这些祷告者的意图之后——不间断的沉默也一直延续到飞机在十几分钟后落地时。

在一次巡回书展快结束时，我在一个周五下午乘飞机从圣路易斯飞回家。正当我们爬升至巡航高度时，客舱的电力系统在一次广播中途突然中断。我们默默地看着焦急的机组人员往前跑去，但很快，广播喇叭啪啪响了一下后便传来了飞行员镇定的嗓音，他解释道，机上的一套电力系统已损坏，但飞机将继续飞往新奥尔良，因为机上所有核心系统都有三套备用。正当他试图安抚我们时，第二套电力系统的意外损坏打断了他。而当第三套电力系统接入，供电恢复后，飞行员简短地告知我们，飞机将飞回圣路易斯。在回程的短短二十分钟里所出现的，便是令人不安的所谓“死一般的寂静”。即便是机上的小孩也没有发出一点声音，直到飞机重新降落在圣路易斯，人们为飞行员欢呼为止。

因此，在我的经验中，飞机上的静默往往有两种意思：奢侈与恐惧。但是，航空运输并不是唯一一种因为降低由它自己发出的噪音而向乘客收取高额附加费的交通方式。

譬如说，在《道路与轨道》杂志 2014 年一次对燃料经济性的比较中，它令人惊讶地宣布："美国最节省燃料的新型轿车并非丰田普锐斯：你永远不会相信是谁打败了它。"该杂志将一款奔驰轿车选为获胜者，并如此解释它的选择："我们并非刁难普锐斯（它是一项技术奇迹），但它的制造目的纯粹是为了能效，这体现在它在路上的表现中。而价值 52634 美元的奔驰 E250 则是一款恰好具有难以置信的道路表现的豪华轿车。它比丰田要重 1001 磅，但却令人感觉每一盎司的重量都花在了降低噪音和奢华感上。"[1] 需要注意的是，作者在这里

---

1 Jason Cammisa, "America's most fuel-efficient new car isn't a Prius: You'll never believe what beats it," *Road & Track*, February 24, 2014. Accessed February 24, 2015. http://www.roadandtrack.com/go/news/americas-most-fuel-efficient-newcar-is-not-a-toyota-prius?src=rss&dclid=CMaQqqq6tb4CFY3Z5Qod-C8AyA.

将“降低噪音”单独挑了出来作为奢华感的一种。

《华尔街日报》2015 年的一篇文章《梅赛德斯-迈巴赫 S600：震耳欲聋的安静》给予了 015
奔驰的降噪技术更夸张的报道。作者描述了这款底价 190275 美元的小轿车在行驶中的令人惊异的安静，并表示这种安静不仅令人窒息，更令人难受：

> 我感到晕眩。这车在搅和我的前庭系统[1]……
>
> 公司声称，这款车的后舱是汽车生产史上最为安静的。事实上，戴姆勒在其新的滚道风洞中发展出了空气声学，它可以试

---

1 前庭系统位于人的内耳中，作用于人的平衡感和空间感，对于人的运动和平衡能力有关键作用。——译者注

验各种角度的气流与侧风。车门越大——迈巴赫的车门常常不小——侧风越有可能将车门拖离车体，从而造成小的声学热点。这就是为什么这款车的车门封条看上去像卷起来的潜水衣。

在任何情况下，风噪都近乎于无。胎噪与振动也很难感受到。也正是在此时我辨认出了自己的感觉：这正是模拟动晕症。[1]

这样一种状况对于最富有经验的飞行员来说也是很普遍的：当他们在飞行模拟器上对着环绕式 3D 屏幕进行训练时，他们的大脑的感受和内耳的感受是截然不同的。梅赛德斯-迈巴赫 S600 过于轻静、封闭，它调低了感官数值，直到感官几乎无

1 在判断身体的静止/运动状态时，由于视觉接收的信息和前庭系统感知到的信息不一致而产生的晕眩感。——译者注

法工作，至少在后舱是如此。[1]

显然，富人们是愿意为了这宁静的奢华而忍受呕吐的。

然而，如果说宁静让富人们难受，那噪音 016
则是穷人们的灾难。阿莱克斯·洛克伍德在

《反击》杂志上曾为约翰·斯图尔特的《噪音为什么重要》（地球瞭望出版社，2011 年）写过一篇书评，指出了噪音对贫困人群的不成比例的影响：

> 在白天，大约 50 分贝的声音便可以使人开始对噪音感到烦躁（晚上是 30 分

---

1 Dan Neil, "Mercedes-Maybach S600: The Silence Is Deafening," *The Wall Street Journal*, February 7 - 8, 2015, D11. Accessed February 23, 2015. http://www.wsj.com/articles/mercedes-maybach-s600-the-silence-is-deafening-1423249856?KEYWORDS=rumble+seat.

贝)。55分贝的声音（每增加10分贝，声音等级会翻番）会使人变得极端恼怒。超过130分贝的分界线，声音便会使人感到疼痛，尽管随着噪音的增加人们在何种程度上会逐渐失去听力还是一个有争议的问题。《噪音为什么重要》一书的力量之一正在于，它将噪音污染提升为全球现象。尽管它的研究并不全面（它也并未如此标榜），但它的全球视野凸显了穷人与富人、发达工业化国家与发展中国家在体验噪音污染方面的不平等，并质疑为何没有更多措施来将噪音作为一个社会不公的问题而加以处理。与其他形式的污染一样，噪音是一个阶级问题。

举例而言，2003年的一次莫里调查揭示，近20%的英国民众（家庭收入少于

17500英镑）经常性地听到从邻居处传来的噪音，其中包括了93%的公租房住户。与之相对，在家庭收入高于30000英镑的民众中，仅有12%能够听到他们邻居发出的声音。从全球范围来看，宁静的富人与嘈扰的穷人间由于居住位置不同而导致的差距越来越大。在几乎所有的国家，从工业化国家英国一直到印度、泰国、非洲大陆，由于穷人更有可能居住在更靠近主要噪音污染源的地方（公路、机场、工业园区），他们因此受到了不成比例的侵扰。噪音不仅是一项被遗忘的污染，更日益成为清理噪音污染机构（Noise Pollution Clearing House）执行主任布隆伯格所谓的“二手噪音”：噪音并非由承受它的人们所制造，而这一情况愈演愈烈。[1]

富人们安静的豪宅将他们与贫民区的嘈杂隔离了开来，但对穷人来说，现代生活的喧哗——如同其他形式的污染一样——却无可逃遁。同时，随着噪音持续以它不可阻挡的脚步向荒野中最安静的涡流进发，即使是富人或许也将难以找到一处安静的清修之地。

1 Alex Lockwood, "Why Noise Matters," *Counterfire*, February 2, 2012. Accessed February 24, 2015. http://www.counterfire.org/articles/book-reviews/15488-why-noise-matters.

3

追寻静默

拉里·布莱克是位于新奥尔良的强音实验室（Swelltone Lab）的拥有者，他监督了超过五十部电影的后期声音制作，包括《传染病》、《告密者》、《辛瑞那》、《十一罗汉》、《战略高手》和《毒品网络》。为了替《尼克病院》——一部设定在1900年代初的纽约的电视剧——寻找背景静音，布莱克首先尝试了布鲁克林街头的拍摄地点，虽然封闭了附近几个街区的交通，但那里依旧不够安静。为了寻找安静的氛围，他前往其他远离现代生活与人群的地方，其中包括路易斯安那南部冬日的沼泽区域。但即便在那里，也很难找到没有被机械的嗡嗡声污染的地方——空调、汽车引擎、汽艇马达、拖拉机、割草机，诸如此类。尽管声音编辑技术提供了许多便利，但要录制人类一百年以前所身处其中的那种静默，依旧需要高度的智慧。[1]

即使是在那时，这也不是一件容易的事。在出版于一个世纪前的1914年的《堂吉诃德沉思录》中，何塞·奥尔特加-加塞特叙述了寻找静默的困难，乃至不可能：

> 019 有些地方拥有美妙的宁静——但从来不是绝对的安静。当周身一切都彻底平静下来时，总是会有一些什么东西来占据这个寂静的空无。随后我们便听到了自己心

1 Conversation with Larry Blake, *New Orleans*, February 25, 2015.

脏的脉动、血液在太阳穴搏动、气流灌进肺部而又冲出。所有这些都令人分心，因为它们具有过于具体的意义。每一次心跳听上去都像是最后一次。继之而来的那次心跳总是显得像是一个意外，而且并不能保证下一次的来临。这就是为什么在宁静之中最好有一些纯粹装饰性的、无法辨认的声音存在。[1]

当代科学也确认了奥尔特加在尝试追寻“绝对静默”时的挫败：

地球上最安静的地方是坐落于米尼苏达的奥尔菲德实验室（Orfield Laboratories）

1 José Ortega y Gasset, *Meditations on Quixote*, trans. Evelyn Rugg and Diego Marín (New York: W. W. Norton & Company, Inc., 1961), 57-58.

的一座无回声室，它的安静程度使任何人可以在里面忍受的最长时间只有45分钟。

房间内部非常安静，以至于其中测量出的背景噪音分贝值是负的，−9.4分贝。实验室的创建者史蒂芬·奥尔菲德告诉《助听知识》："我们给人们的挑战是在黑暗中待在这个房间里——有个人在里面待了45分钟。在安静的地方，耳朵会调整。房间越安静，你听到的东西越多。你会听到你的心跳，有时候会听到你肺部的声音，听到你胃里的咯咯声。在无回声室里，你自己就是声音。"[1]

知物

1 Rose Eveleth, "Earth's Quietest Place Will Drive You Crazy in 45 Minutes," *Smithsonian.com*, December 17, 2013. Accessed March 23, 2015. http://www.smithsonianmag.com/smartnews/earths-quietest-place-will-drive-you-crazy-in-45-minutes-180948160/?no-ist.

这所实验室的无回声室赋予人们的洞见之 020
一是，静默“是一种令人迷失方向的经验。奥尔菲德解释道，静默使人如此不安，以至于人们必须坐下。他说：‘你的方向感来源于你走路时所听到的声音。而在无回声室里，你就失去了任何线索。你失去了使你保持平衡或移动的知觉线索。一旦你在里面待上半个小时，你就不得不找把椅子坐下。’”[1]

这种空间上的错乱对那些突然失聪的人来说并不是一个意外。乔治·普罗契尼克提到了他与加拉德特大学研究失聪文化的德里克森·鲍曼教授之间的一次对话，谈及那些突然失去了听力的人的经验：“我还以为他要描述一下

---

1 Ted Thornhill, “We all crave it, but can you stand the silence?” *Daily Mail*, April 5, 2012. Accessed March 23, 2015. http: //www. dailymail. co. uk/sciencetech/article-2124581/The-worldsquietest-place-chamber-Orfield-Laboratories. html.

那种被突然掷入静默中的人的心理经验。但事实上，这群人中的每一个，在叙述他们失聪之后最初的震惊感时，都表示他们脑子里想的并不是‘完了，我听不见了’，他们所经历的是一种深深的‘我在哪里？’的感觉。”[1]

在他的著作前面的部分，普罗契尼克引述了最高法院大法官费利克斯·弗兰克福特的话：“那些创造了美国宪法的人们将独立纪念馆外的道路用泥土盖上，以免他们的审议被外面的交通所打扰。我们的民主将审议过程确立为思想的条件，确立为选民的负责任的选择的
021 条件。”[2] 由于没法找到一个安静的地方工作，两个世纪前那些宪法的草创者们自己动手造出了一个。

---

1 George Prochnik, *In Pursuit of Silence*: *Listening for Meaning in a World of Noise* (New York: Anchor Books, 2010), 166.

2 Prochnik, *In Pursuit of Silence*, 4.

建立一个安静的区域的努力始终吸引着人们。“一平方英寸”（One Square Inch）这一组织，如它的名字所示，致力于为森林保留一平方英寸的宁静。这片邮戳大小的森林意在成为，用奥尔特加的话说，那些“拥有美妙的宁静”的地方之一。

> “一平方英寸的宁静”是全美最安静的地方。坐落于奥林匹克国家公园的霍雨林中，它离位于霍河河道的汤姆山溪甸上的访客中心有3.2英里。从访客中心的停车场徒步沿着一条种满古树和蕨类的缓坡走到那里约要两个小时。那里的标志是一小块红色的岩石，它被放置在一段位于北纬47°51.959，西经123°52.221的覆着苔藓的原木上，距海平面678英尺。前往该处的指示可以在链接页面找到。

> “一平方英寸的宁静”设立于2005年的地球日（2005年4月22日），意在保护并管理奥林匹克公园偏远野地的自然声景。它的逻辑很简单：假如一个巨大的噪音，譬如驶过的飞机，可以对数平方英里范围造成影响，那么，一个自然区域，假如能够维持100%无噪音状态，将也能够影响周围的数平方英里。这里的预设是，保护一个平方英寸的土地免于噪音污染，可以使公园的很大范围获益。[1]

这么说，我们已经到了要为自己和子孙后代保留一个平方英寸的宁静的地步了。但当然，我们在这里所说的并不是真正的宁静。

1 One Square Inch：A Sanctuary for Silence at Olympic National Park. Accessed March 23, 2015. http：//onesquareinch. org/about/.

“一平方英寸”只是想要消除人类噪音，以使得我们可以听到自然的声音。但或许这样也不错，因为正如奥尔菲德的无回声室所表明的，与真正的静默相遇会让我们站立不住。

归根到底，追寻静默或许是一次逃离我们自己的尝试。奥尔特加并不是唯一一个意识到这一困局的作家。在他题为《静默》的短剧中，哈罗德·品特提出了人类在追寻静默时遇到的最根本的矛盾：“在我的周围便是黑夜。如此静默。我可以听到我自己。拢起耳朵。我的心在耳中跳动。如此静默。这是我吗？我在沉默还是在说话？我如何知晓？我有可能知晓吗？”[1]

1 Harold Pinter, *Landscape and Silence* (New York: Grove Press, 1970), 43.

4

静默与幽独

我们会假定幽独是静默的条件，但通常一者仅仅是另一者的伴生物。对两者的简单考察表明，静默常常是幽独的一个后期表现，只有当造成这种孤立状态的压力让位于更为极端的情况或意图时，静默的价值才会超过幽独的意义。

由于海难或同伴的抛弃所造成的强制幽独，比如鲁宾逊的冒险，或是菲罗克忒忒斯被前往特洛伊的希腊军队遗弃在利姆诺斯岛，[1] 是

---

1 菲罗克忒忒斯是希腊军队的将领，在前往特洛伊的途中，经过利姆诺斯岛时被蛇咬伤，因而被奥德修斯遗弃在那里。——译者注

从古至今广受人们喜爱的一个文学桥段。而到了今天，当这世界试图把它所有的荒岛都改造成供大众享用的地中海俱乐部，或是供名人享用的私人奢侈会所时，作家们便需要动上很多脑筋来构造一个必要的条件，使得某个角色能够独自一人在一处荒无人烟的异域海岸醒来。

为高速的城市增长和工业革命伴生的其他弊病所困，至少在西方，十九世纪与二十世纪
024 初似乎养成了一种强迫症，一种追求幽独的强迫症。欧洲和美国的作家无疑受到了先前几个世纪对原始主义的拥抱中出现的对自然的浪漫化的影响，他们同样诅咒拥挤的城市生活的弊病，并主张要回归所谓乡村的幽独。

我们或许可以将这一主题视为浪漫主义者们的贡献，但他们敏锐地意识到了与自然之间的分离。正如华兹华斯在他的十四行诗《世间

于我们太过冗繁》中哀叹，“我们在自然中很少看见属于我们的东西”，因此他渴盼一处失乐园：“伟大的上帝！我宁愿/成为一名被吸入陈腐的教义中的异教徒。”不过，他并没有表示他可以回归这种被遗弃的信仰，尤其是在将一座细心照料的公园假充作充满粗犷生气的野地的国家。

然而，在不断扩张中的美国，大量的荒野存在于东岸定居区的耕地之外。即便在东岸，梭罗也可以在 1945 年 7 月 14 日的马萨诸塞州瓦尔登湖边的森林里开启他简单而有些幽独的生活。

马克·吐温笔下的哈克·费恩分享了梭罗对文明的厌恶和对自然世界的喜爱：“但我估计我得快速通过前面剩下的土地，因为萨利阿姨将要收养我、教化我，但我无法忍受这些。我曾经经历过这些。”

在《哈克贝利·费恩历险记》于1884年
025 出版后仅仅四年，另一位伟大作家叶芝在《因尼飞湖岛》中简洁地表达了逃离现代世界及其“灰色的人行道”的欲望：

> 我将动身离去，前往因尼飞，
> 并在那造一座小屋，用泥土和篱笆：
> 在那我将有九垄豆角，一窝蜜蜂；
> 并在蜂鸣的林间幽居。
>
> 在那我将获得些许宁静，而宁静来得很慢，
> 从晨间曙幕直到虫声轻吟；
> 那里的夜半是一缕微光，而日间则是紫色光晕，
> 暮色满是鸟雀振翅。

我将动身离去，因为晨昏交替
我将聆听湖水轻声拍岸；
当我站在车道，或是灰色的人行道时，
水声在我的内心深处回响。

在退回自然时，十九世纪的人们希望至少能找到从容，如果不是静默的话。

但矛盾的是，与逃离都市之拥挤的欲望同样强烈地被感受到的，是对被遗弃或被强制隔离的恐惧。爱伦·坡发表于 1846 年的《一桶阿蒙蒂亚度酒》叙述了一次可怕的复仇行为，其中，悲愤的叙事者将他愚蠢的对手禁闭在陈腐的威尼斯地下墓穴，后者穿着狂欢节上小丑的杂色衣服和铃铛帽。当叙事者在砌完最后一块墙砖前试图从受害者那里获得某种回应时，这个狡诈的恶人却被他所收到的回答吓出了冷汗：“那里传来的只是叮当的铃声。”爱伦·坡一篇更早的鲜为人所知的小说《提早的葬礼》更直接地涉及了十九世纪对活埋的恐惧。小说里吓坏了的叙事者乞灵于某种巴特森之铃[1]的变种版本，一只铃由绳子连接着被埋葬者的手，假如这个假设已死之人在棺材中醒来，便可以以此召唤帮助。在维多利亚时期，这类的恐惧广为传播，以至于人们专门成立了一个“预防被活埋社团”。[2]

与这一现象同期出现的，是幽闭监禁的引入。至少在美国，它最早在 1829 年费城的东部州立监狱就得到了实施。差不多同一时期，

1 由于医学发展程度的限制，19 世纪早期的医生尚无法确切地判断一个人是否彻底死去。为此，乔治·巴特森发明了一种铁铃，它被安装在棺材的盖子上，位于死者头部上，一根绳子穿过铁铃系在死者手上，如果死者没有真正死去，便可以拉动铃铛发出声响来求助。这种设备便被称为巴特森之铃（Bateson's Belfry）。——译者注。

2 Marc McCutcheon, *Everyday Life in the 1800s* (Cincinnati: Writer's Digest Books, 1993), 168.

纽约的奥伯恩监狱引入了一种类似的措施，但同时它包括了彻底的静默。

正如福柯在《规训与惩罚：监狱的诞生》中提到的，费城模式依赖于囚犯的互相隔离来实施改造，而奥伯恩模式则允许囚犯间的共同活动，但仅限于绝对的沉默状态。福柯继续评论道："幽独是彻底屈服的首要条件。"但他意识到，静默是制服不服从的囚犯的根本武器，不论是通过隔离禁闭和"囚犯面前的静默的建筑"，还是通过奥伯恩体系中的彻底的静默，后者"由监控和刑罚所保障"。[1]

这些措施的灾难性后果促使美国最高法院大法官塞缪尔·弗里曼·米勒在审理梅德利案（案卷号 134 U. S. 160）时发现："即便是在一

---

1 Michel Foucault, *Discipline & Punish: The Birth of the Prison*, trans. Alan Sheridan (New York: Pantheon, 1977), 237-239.

次短时间的禁闭后，也有大量囚犯陷入一种半智障状态，几乎不再可能将他们唤醒，其他人则变得暴力而癫狂；还有一些人自杀；那些忍受力较强的人总体上并未被改造，在绝大多数情况下，他们无法充分恢复思维活动从而得以为人们服务。”[1]（汉斯·克里斯蒂娜·安德森于1851年访问了一家以费城实验为样板的瑞典监狱；他注意到“一片如坟墓般的寂静笼罩着它……它是一台制造完备的机器，一次精神的梦魇。”）[2]

尽管有这些批评，在2005年，全美依旧

---

1 Laura Sullivan, "Timeline: Solitary Confinement in U. S. Prisons," *National Public Radio*, July 26, 2006, 7: 52 ET. Accessed February 22, 2015. http: //www. npr. org/templates/story/story. php?storyId=5579901.

2 Peter Scharff Smith, "The Effects of Solitary Confinement on Prison Inmates: A Brief History and Review of the Literature," in *Crime and Justice*, ed. Michael Tonry (Chicago: The University of Chicago Press, vol. 34, no. 1, 2006), 441 - 528 (460). http: //www. jstor. org/stable/10. 1086/500626.

有40个州依旧被发现运营着超过六十家“超级戒备”的监狱，[1]均设有禁闭室，可以每天将犯人置于幽闭监禁中23小时而没有任何集体放风时间。[2]仅仅加州就有12000名犯人处在长期禁闭中。[3]一份司法部报告显示，纽约城的赖克斯岛将超过25%的青少年犯人置于幽闭监禁中——有些超过了六个月。2015年纽约市禁止将21岁及以下的犯人关禁闭。约在同时，美 028
国建筑师协会的成员提请该组织审查那些为禁闭室或行刑室进行设计的建筑师；该项提议被

1 “超级戒备”监狱是指安全级别最高的监狱，用于长期关押重刑犯，一般单人单间互相隔离，并且基本隔断与外界的任何联系。——译者注

2 Smith, “The Effects of Solitary Confinement on Prison Inmates: A Brief History and Review of the Literature,” 442 - 443.

3 Andrew Gumbel, “The Scorched Earth Solution: Solitary Confinement in America,” *Los Angeles Review of Books*, October 6, 2013. Accessed March 13, 2015. http: //lareviewofb ooks. org/essay/the-scorched-earth-solutionsolitary-confinement-in-america.

驳回。[1]尽管日益意识到对囚犯造成的实际影响，监狱当局依旧在缺乏有效手段时将幽禁与噤声作为最极端的惩戒措施，以改造行为。

逐出社会——不论是刑事监禁、政治流亡，或是宗教流放——是解决那些为公众所不喜之人的古老药方。但契诃夫却在《打赌》中介绍了一种新型的、被作为富人的一种奢侈的放逐。

这篇写于 1889 年的短篇小说起笔于一个阴沉的秋夜，一位老银行家回忆起了他在十五年前举行的一个晚会，当时，一场关于死刑和无期徒刑何者更为人道的辩论导致了一场赌局。由于被一位固执地站在无期徒刑一边的律

---

1 Michael Kimmelman, "Prison Architecture and the Question of Ethics," *The New York Times*, February 16, 2015. Accessed February 17, 2015. http://www.nytimes.com/2015/02/17/arts/design/prison-architecture-and-the-question-of-ethics.html?_r=0.

师所激怒，这位富有的银行家掷下两百万卢
布，打赌这位年轻人无法在禁闭中度过十五
年——不许收信、不许看报、不许说话、也不
许听别人说话。被禁闭者被允许持有一架钢
琴、一些书本、酒和烟，但他必须用笔写下所
有的需求，并从牢房里为此而专门建造的小窗

里递出来。牢房就建在银行家的房屋侧翼，以
便他始终可以被观察到。十五年的时间过去
了，规则从未被打破，而失去了财富的老银行
家却试图在次日赌约生效前谋杀这位自愿的囚
犯。但是，在囚犯沉睡着的牢房里，银行家找
到了一封信，信中宣称，积年的阅读已经为这 029
位律师揭示了人类生活的一切，并使他充满了
对世界的价值的鄙夷。在信末，他放弃了自己
的胜利。第二天，他在赌约完成前从牢房中
逃走，而银行家则将这封弃权信收在了安全

的地方。[1]

某篇小说之所以产生于某个特定的时间，总是有其理由的；而某个特定情节在某一时间段内被不同的作家反复表述，也必然有其道理。或许契诃夫本意是要写一个道德训诫式的故事，或是描述一位世俗的圣人最终通过志愿避世而超越了物质主义——尽管在老银行家看来，律师最初是出于贪婪而进入牢房的。但《打赌》中的一些次要内容却重新出现在了一个意料不到的地方：《迷离时空》[2]。

这部美国电视剧有一集题为《沉默》，其中戏剧化地呈现了一个类似的赌局，尽管如其标题所示，此处的赌注并非是保持禁闭，而是

---

1 Anton Chekhov, "The Bet." Accessed February 22, 2015. http://www.gutenberg.org/cache/epub/13437/pg13437.html.

2《迷离时空》(The Twilight Zone) 是 1959 年至 1964 年间的一档美国电视系列剧，罗德·瑟林（Rod Serling）主创，其内容多以科幻、怪诞、神秘、恐怖为主。——译者注

保持沉默。阿奇·泰勒上校被他的男子俱乐部中一位成员杰米·丁尼生的喋喋不休所激怒，以 500000 美金打赌这位年轻人不可能做到在一年之内不说话。被监视在俱乐部中的一个玻璃小房间内，丁尼生始终保持着沉默，即便上校以金钱诱惑他放弃赌约，乃至以关于他妻子的不忠的留言来折磨他。成功度过一年时间后，丁尼生沉默地伸出手要求报酬，但泰勒上校却被迫承认他早在数年之前就失去了财产，因而无法支付 500000 美金。在惊愕中，丁尼 030
生写下了一张最后的便条，并让上校向俱乐部成员大声朗读：“我知道我没有能力完成赌约，因此一年之前我就毁伤了我的声带神经。”随后他拉下了领带露出了喉部的伤疤。

尽管有些评论者认为 1961 年的这集电视剧是以契诃夫的小说为基础的，但剧本作者罗德·瑟林却在伊萨卡学院的一次讲座中坚持他在写作《沉默》时并不熟悉《打赌》。他确实提到，这样一个情节可以将人物角色送往不同的发展方向。[1]契诃夫专注于幽闭（沉默只是一个附加条件），而瑟林则关注沉默本身，这一差异反映出二十二年来社会关注方向的转变，这一转变将《打赌》和《沉默》区别了开来。

而在两者之间的则是卡夫卡写于 1922 年的《饥饿艺术家》。卡夫卡的故事与契诃夫和瑟林分享着自愿禁闭和在公众监视下的自我毁伤这些元素。故事中的艺术家延长的绝食行为使他作为某种垫场演出的怪人而引起了注意。这个故事被认为是二十世纪的伟大作品，并在

---

1 Brian Durant, "The Silence," *The Twilight Zone Vortex*, Wednesday, September 10, 2014. Accessed February 22, 2015. http://twilightzonevortex.blogspot.com/2014/09/the-silence.html.

谢德庆[1] 的《笼子》中找到了其当代回响。

1978 年 9 月 30 日，谢德庆钻进了一个他在自家阁楼搭建的陈设简单的木笼子里，并让他的律师用纸将笼子封起来，以确认他从不曾离开这一空间，并在幽闭中度过了接下来的一年：没有电视、没有广播、不说话、不写作、不阅读。[2] 他每天给自己拍照，每隔一两个月开放公众参观一次，从上午 11 点到下午 5 点。1979 年 9 月 29 日，他的律师确认所有封条都没被开启过，随后艺术家走出木笼。根据《纽

---

1 谢德庆（1950—），美籍华裔艺术家，以五次为期一年的行为艺术表演而闻名，除了下文中提到的《笼子》（1978—1979）外，还有《打卡》（1980—1981，一小时打卡一次，一天二十四次，持续一年）、《室外》（1981—1982，居于室外一年，不进入任何建筑物、交通工具、洞穴或帐篷）、《绳子》（1983—1984，谢德庆与另一位艺术家琳达·莫塔诺以一条八英尺长的绳子绑在一起生活一年，互不接触）、和《不做艺术》（1985—1986，彻底离开艺术一年）。——译者注

2 Toby Kamps, "(. . .)," in *Silence*, ed. Toby Kamps and Steve Seid (Houston: Menil Foundation, Inc., 2012), 74.

约时报》艺术批评家罗伯特·史密斯对这一行为以及其他四项谢德庆将要进行的“一年表演”的一篇评论所说，他度过了“彻底无所事事”的一年。史密斯将谢氏的项目比作“某种宗教的狂热信徒”的行为，但却总结道，这位艺术家的主题是“几乎可以触碰的无限以及时间的空无，除了时间一无所有，生活成为时间的填充……谢德庆并未将他的生活变成艺术。相反，以古典的精确性和不可置疑的怪诞，他扩张了他的艺术，直到它完全占据、耗尽、悬置了他的生活。”[1]

在《卡夫卡与饥饿艺术家》中，布里昂·米切尔记录了历史上的饥饿艺术家的存在，比

---

1 Roberta Smith, “A Year in a Cage: A Life Shrunk to Expand Art,” *The New York Times*, February 18, 2009. Accessed February 22, 2015. http://www.nytimes.com/2009/02/19/arts/design/19perf.html?_r=1&.

如吉奥瓦尼·苏奇，一位意大利的职业绝食者，他是出版于 1896 年的《趣闻手册》上的文章和照片的主角。[1] 这一行为似乎约在一战开始后逐渐销声匿迹，尽管有证据显示饥饿艺术家一直到 1956 年还有活动。在一个富足的年代，当古代饥荒的幽灵已经被对食品供应的信心所取代，对饥饿的怀旧却在对绝食的展示中

表达了出来，这是一个巧合吗？正如乔治·列斐伏尔在《1789 年大恐慌》中指出的，仅仅一个世纪以前，由干旱和关于食品短缺即将到 032
来的谣言所导致的恐慌还促成了这一年夏天法国的革命起义。

因此，二十世纪中对沉默而非幽独的关注——不论是罗德·瑟林的《沉默》还是谢德

---

1 Breon Mitchell, "Kafka and the Hunger Artists," in *Kafka and the Contemporary Critical Performance*: *Centenary Readings*, ed. Alan Udoff (Bloomington: Indiana University Press, 1987), 236 - 255.

庆的《笼子》——是否有可能也是一种形式的怀旧？这两位被禁闭者都受到频繁的观察，因而他们并未被剥夺与其他人类的关联。他们只是不说话。在一个沉默的庇护所越来越少的世界上，我们难道对一个更为安静的世界不感到怀旧吗？在那里，嘈杂的电台、唠叨的电视、噼里啪啦的广播、尖锐的汽车喇叭、振鸣的电话、低嚎的引擎、隆隆作响的空调、嗡嗡的电冰箱、咆哮掠过的飞机以及其他所有机械时代引入我们生活的声音干扰，还未曾淹没叶芝在1888年就已经开始怀念的“蜂鸣”的幽静。

我们一边深切地珍视这种幽静，一边又认为它应被作为一种无法容忍的残酷刑罚而被禁止，多么地矛盾啊！在我们所追寻的静默，和我们所惧怕的静默之间的根本区别，仅仅是自愿和非自愿而已吗？

5

自愿静默

自愿孤立以追寻精神的升华是许多宗教的一个传统元素。如同释迦牟尼和老子，很多宗教人物都至少在他们的部分人生中作为隐士而生活。“隐士”这个词正来源于希腊语中的“在荒漠中”以及“幽独”。中世纪的隐士传统与先前的隐居实践不同，它许诺在一间教堂的小屋里度过一个人的余生，小屋常常只开有一个小窗，称为“斜窗”，以在弥撒期间接收圣餐；隐士们的这一许诺是如此绝对，以至于他或她要以丧葬仪式进行祝圣，表明此人从此在世间死去。

所有这些实践都不强制人们沉默。事实上，许多这类的小屋或隐修之所都在面朝教堂外的方向另开有一扇窗，以便隐士可以向信众传播智慧。因此，虽然人们可能料想幽居会导致沉默，但苦行主义很少会如此要求。在早期的修道群体中，“同时也在独居者中，沉默仅仅是追寻和展现沉思的许多方式中的一种。”[1]

《圣经》各处对耶稣在旷野中的四十天的记述都大同小异。马太、马可和路加都认为，为了准备事奉，耶稣在旷野中禁食了四十天。马可写道，耶稣独自一人与野兽和服侍他的天使们一起生活。对观福音书作者们[2]还一致认

---

1 Diarmaid MacCulloch, *Silence: A Christian History* (New York: Viking, 2013), 76.

2 对观福音书作者（Synoptic evangelists）是指《新约》中的《马太福音》、《马可福音》和《路加福音》三部福音书的作者。这三部福音书由于内容、叙事顺序与措辞相近，可以对照同参，因而被合称为对观福音。——译者注

为他被撒旦试探了三次。引诱失败后，这魔鬼离开了耶稣，用路加的话说，“等待更好的时机”。这四十天的静默仅仅被撒旦的诱惑打断过，但福音书从未关注过这一静默。事实上，晚至三世纪，基督教依旧在辩论静默的作用。亚历山大的革利免、特土良和迦太基教会主教居普良都试图使默祷合法化，但查士丁尼大帝却在三个世纪之后“禁止在圣餐仪式中以沉默的方式进行礼拜祷告”。[1]

因此，在古代的宗教实践中，静默与灵修的关系未必如我们想象的那般确定。而到了十六世纪，当圣十字若望断言“沉默是上帝的第

1 MacCulloch, *Silence: A Christian History*, 63 - 64. 亚历山大的革利免（150—约 215）是基督教神学家，基督教早期教父，亚历山大学派的代表人物；特土良（150—230）曾任迦太基主教，是早期基督教著名的神学家、哲学家、护教士；居普良（约 200—258）曾任迦太基主教，是拉丁教会的教父，基督教会殉教圣人；查士丁尼大帝（约 483—565）即查士丁尼一世，东罗马帝国皇帝，基督徒，其宗教政策对当世与后世均产生巨大影响。——译者注

一语言”时，这一看法早已为许多人所接受。四百年以后，当特蕾莎修女写道“上帝的言说在心灵的静默之中”时，这个观念已广为流传。[1]

克吕尼修道院的第二任院牧俄多（Odo）[2]是最早致力于将静默纳入宗教奉献中去的人之
035 一。在接下去的几个世纪里，克吕尼的寺院符号语言发展到了取代必要的日常会话的程度。[3]根据我的亲身经历，即便是今天，本笃会的僧侣依旧在尽可能地尊奉克吕尼的遗产。

我 14 岁时在一座本笃会修道院进行教士

---

1 圣十字若望（1542—1591）为加尔默罗会修士和神父，也是公教改革的主要人物；特蕾莎修女（1910—1997）是著名的天主教慈善工作者，一生帮助贫病者，1979 年获诺贝尔和平奖。——译者注

2 克吕尼的圣俄多（约 878—942）是克吕尼修道院的第二任院牧，亦是克吕尼改革的主要推动者，这一改革致力于恢复传统修道生活、鼓励艺术、照顾穷人。——译者注

3 Ibid.，96-97.

修习，而在仅仅三天之内，宗教信仰便坠入了犹疑。

你或许会猜想，我的疑虑是源自于教我们的僧侣的伪善，或是那些难以置信的教条。但在那时的我看来，这些僧侣都是严肃的人，并真诚地献身于一项困难的使命——迄今为止也没有什么改变我对他们的看法。而就相信神迹而言，对一个刚刚走出童年阶段的少年所具有的想象力来说，也并不是什么很难跨越的问题，尤其当他所敬佩的大人们信奉着同样的信念时。

因此，动摇我的信仰的既非我的教师们在誓言面前的言行不一，亦非我被要求去顺从的教条。事实上，它也并不是我看到或听到的什么。相反，它源于我没有听到的一些东西。

跟我一起进入神学院的还有七个我在新奥尔良的天主教小学的男孩子。我们在跨庞恰特雷恩湖的堤道上走了 24 英里，到达了一座环绕着上千英亩松林的本笃会修道院。头天晚上我们睡在一间合住的宿舍里，在黑暗中躺下时，周边传来中学新生们因为思念母亲而发出的断断续续的啜泣声。

对于一位青少年而言，那里的作息相当严格。每天早上 5：30 起床进行半小时的冥想后，我们以僧侣烤制的热面包和修道院农场养殖的鸡的鸡蛋作为早餐。课程始于 7：30，一周六天，课表与其他中学差不多——当然，除了神学、拉丁语和额我略圣咏[1]。我们在正午参加弥撒，在晚上进行晚祷。第一年我们不看电视也不听广播。我们的父母可以在每月的某个周日来探望我们。

---

1 额我略圣咏（Gregorian chant）得名于天主教教宗圣额我略一世，是一种单声部、无伴奏的宗教咏唱，一般由男性唱诗班在教堂中演唱。——译者注

仅仅是如此描述一番，也依旧让我对这个14岁的孩子所要遵从的严苛生活所惊讶。但是，要形容这一年的体验的话，我却只能用愉快二字。本笃会秩序的简单律令，“祷告与工作”，它将所有的行为都提升为某种奉圣的形式。我们所作的一切都有了意义，不论是为了每周的检查而去打扫宿舍，还是清理谷仓的隔间，抑或在晚上为危地马拉的传教士们穿制念珠。

在春天，复活节临近时，我们被指导要进行一次静修。在三天时间里我们不能说话。我们中那些来自城市的孩子们被无月的森林中那深沉的黑暗所震惊。在静默中，我们将会发现我们未曾面对过的另一种黑暗。

现代世界总是嗡嗡作响。我们所谓的安静，无非是被我们作为“白噪音”而容忍下来的嗡嗡声。不过，想象一下，假如我们能够从

总是着振动着耳膜的干扰中清除那只修剪着夏
日草坪的割草机、车道上川流的轿车、隔壁房
037 间传出笑声的电视机、隆隆颤动的电冰箱、发
出如睡着的老狗般的狺狺声的空调器，乃至每
一个人的声音，那你或许会对彻底的静默表示
欢迎的，不是吗？

但作为一个少年，我发现沉默所给予的启迪，并不比黑暗更多。

该怎么形容呢？七年以后当我参加大学里的一次绝食抗议时发现，强制沉默与饥饿极其相似。第一天，你受到其他人的鼓舞，大家发誓在赢得对方的让步前绝不进食，这时，绝食令人觉得兴奋。但当你第二天在对食物的不住的渴望中醒来时，这一共同事业所带来的快慰便让位于对身体的关注。不过，即便有些人偷偷跑去咬了一口糖棒，一个坚定的人也依旧可以抵抗这样的诱惑。但到了第三天——仅仅是

第三天！——饥饿带来的愈发膨胀的焦扰便模糊了抗争的目的，满足饥饿的需求超过了其他任何欲望的煎熬。

加拿大诗人乔治·霍纳斯以迪比尔·库扎的几行诗开启了自己的诗集《快乐而饥饿的人》："这个饥饿的人不快乐吗？他不是已从囚禁着我们的激情中解脱出来了吗？抑或他的欲望无法被满足？真主之谜不是对他而言只简化至一个了吗？"[1]

对我来说，沉默不断缩减着世界，直至真主、耶和华和上帝成为剩下的唯一的谜。漂流在延伸至四面八方的绵延天际的平坦海面上，
我沉沉浮浮，等待着另一个声音来打破这死寂 038
的表面。但我没有听到任何声音。在我的人生

1 George Jonas, *The Happy Hungry Man* (Toronto: House of Anansi, 1970), 9.

中，我第一次感到被抛弃。

如果沉默是一种饥饿，那么什么东西有可能满足它的啃噬？并不是噪音——噪音本身就是另一种沉默。当暮色开始笼罩森林边这座沉寂了三天的修道院（除了祷告时），我意识到了周身的空无，除了说话，我一无所求。

记住：我只是一个少年，正如无法忍受饥饿一样，我对沉默也毫无准备。说到底，青少年的胃口是无可比拟的，不仅对于食物是如此，我还如饥似渴地读书，尽管我发现自己的阅读被《禁书名录》所限，这部《名录》压抑了数世纪的各种声音，并在当时依旧为教会所坚持使用。但是，即便是一个受过审查的图书馆，也会像一座花园般，会有那么一两条蛇盘绕在它的苹果树底下伺机谋反。

一年以后，我的父亲收到一封来自修道院管理者的信，警告他我已经变得越来越愤世而悲观，并具有反对真理与顺从的危险倾向。之后我又待了六个月，便被转到城里的一所中学，在那里，我最终赢得了一项写作比赛以及一笔大学奖学金以修读英语专业。在进入中学时我想要寻找答案，而到毕业时，我有了一项新的使命，致力于提出问题。

我们或许会质疑一个七岁的孩子是否已经 039
如天主教教条所坚持的那样具有理性。但谁又会怀疑，一个人在进入少年时便已进入一个迷失的年龄？在人生第二个十年的那座经验的祭坛上牺牲的不仅有纯真。一个少年人的确定性同样也沉入了怀疑中——尤其是在静默的空洞内心里。

6

再现静默

习俗惯例的施行会以毫无歧义的方式带来静默——至少是我们一般所谓的静默。用手捂住嘴巴，或仅仅是用一根手指压住嘴唇，都明白无误地表明人们进入了一个沉默的区域。类似的，向观众伸出手掌压住欢呼，用叉子敲击高脚杯以提醒晚宴上的人们不要喧哗，或是向陌生人轻轻地发出嘘声以使人安静，这些做法都不会使人误解。大多数上述惯例都将人声假定为噪音的源头，而在扩音器或喇叭上画一个红圈加一条通过圆心的斜杠，则将禁令延伸到了机械扩音设备发出的噪音上。

我们知道如何发出使人沉默的信号。我们甚至知道如何拼写它：嘘。但对静默本身的再现却挑战着作家、作曲家和艺术家。

044 在劳伦斯·斯特恩的《项狄传》中，紧随约里克之死的那个黑色页面，是在表明悲伤，还是一面葬礼上的丧旗？抑或是作者强加在其小说中的滔滔不绝的叙事者身上的一个静默时刻，以敬悼一位角色的离世？当然，我们很容易想象，小说第十二章的最后一页和这个黑色页面之间的对比再现了死亡的黑色寂静，就好像眼睛和耳朵都向这个世界关闭了。如果是这样，那么黑色是与静默同源的吗？

但要是如此，那么在第六卷第三十八章开头，叙事者邀请读者来描述他们自己对寡妇瓦德曼的理解之后所紧接着的那个空白页，也打断了斯特恩的语词的流动，因此，也是一次停顿，一次静默。作者明确无误地指出，空白的静默在这里要比所有他可能写出的叙述更优越：“伟大无比之书！你将在你的书封之间至少拥有那么一页，它无法为恶意所玷污，无法为无知所篡改。”

一个白色的页面要比黑色的页面更好地再现静默吗？或者我们可以将无瑕的白色和单调的黑色同时作为静默的矛盾的形象？还有，《项狄传》中打断了先前的黑色插页和之后的白色插页之间的叙述的那张大理石纹的页面，又有何意义？

或许，这里的区别并不在于颜色的不同，而在于背景与前景的不同。毕竟，在阅读过程中，我们所读出的是印刷在白色纸张上的黑色的符号，并以（暂时的）沉默来传达字符之间的空白。白纸是静默，而与之相对的黑字，则被理解为声音。但是，我们又是以完全同样的方式来阅读黑纸上的白字的。那么，阅读本身是否意味着语言镌刻在沉默之上，而沉默是会话的背景？

尽管会话依赖于上述假定，但阅读却并非如此。连写体（Scriptio Continua），即词汇中间没有空格或其他能指符号的书写方式，在古代世界非常普遍，并且至今还在许多亚洲语言中使用。类似的，互联网上的一些常规，如电子邮件地址和网页地址的书写，都将词汇间的无标记的空间视为不可读。显然，可读性并不必然要求在再现过程中区分沉默与词汇。但要将可读文本翻译成语音会话，却确实需要将沉默巧妙地容纳进去。

在他的杰作中，斯特恩既是一位作家，又是一位排印工，他大量使用了破折号、星号及其他排字装置（甚至包括手型指示符）；在读者那里，大多数这些标点符号都会被表述为沉默。所有语法学家都会解释道，三个等间距的

省略点表明引文中的一处省略，一处空白，因
而在阅读时应当通过引入某种沉默来加以表
达。我们从不纠结于应当使用哪种不同类型的 046
沉默来将省略号与逗号、分号、冒号、括号、
破折号、句号区分开来。毕竟，标点的目的不
在于沉默，而在于结构。然而，聆听一位训练
有素的演员的朗读却可以学到每种沉默之间的
区别——乃至动人之处——在哪里。

在诗歌中，对标点最生动的运用将造就一种沉默，它可以暂停诗歌韵律的语势。在韵律分析中，它被写成一对平行的竖线，并称为停顿符。济慈的《每当我害怕》第三节最后一行为我们提供了最为令人心碎的例子之一。这首诗是这位罹患肺病的年轻诗人为行将就木的自己所作的哀歌。济慈在这首十四行诗的前两节追悔了自己未能来得及写完的篇什，随后便转向了他所失去的心爱的女子。济慈被强烈的情

绪所侵占，以至于他无法完成这一节的最后一行，以一个停顿打断了写作：

> 每当我感到，佳人的转瞬即逝，
> 也许永远都不会再看到你，
> 永远不会再品咂这无忧的爱情
> 和它的魔力！——于是在海边
> 我茕茕孑立于广袤世间，沉思
> 知道爱情与生命都坠于空无。

当诗人颤抖着沉思他们的分别时，他的声音——至少在某个瞬间——被沉默所吞没，这一沉默提前将这首十四行诗的第一部分终结在一行的中间。（此处无疑预示着诗人对自己的声音将在最后被突然噤声的恐惧。）尽管诗人在这首诗的决绝中找到了某种安慰，但这次停顿，这诗歌第十二行中间突然插入的沉默，或许恰是《每当我害怕》的最具表现力的时刻。

恰如沉默与声音在语言中彼此交织，在音乐中它们也配合出现；作曲家发明出了系统的记谱法，至少在对静默的再现上，这一记谱法与书写语言没有显著的差别。在小说家使用句号时，作曲家会插入休止符。弯弯曲曲的四分休止符和前后的音符一样用墨水写就，它自己区别于沉默的白纸的方式，与上文所论的描点符号非常相似。

而同标点一样，休止符也没有看上去那么简单。声乐学生被教导要唱过休止符，尽管这里的演唱并不出声。爵士音乐家同样要演奏沉默，即便我们没法听到这些不出声的音符。休止符是作曲的一部分，而非后者的中断。事实上，一个休止符具有一个固定的长度——它等于一个全音、半音、四分之一或八分之一音符；它是一个内在于作品结构的具有确定意义的静默。出现在一列音符中时，休止符与其他音符分享着音长（如果不是音高的话）、音色和强度，它可以被理解为标示着一个不被演奏的音符。因此，作曲家对沉默的运用类似于作

家在句子中运用标点，它们都被用来表达一部作品的构成成分之间的结构性关系。

昨晚我参加了一场李斯特的《前奏曲》的演出，在演奏开始前，指挥家大声问道，拨奏是否就是问号在音乐上的等价物。当然，李斯特的交响诗试图将拉马丁的诗歌翻译成交响乐，[1]因此，听众当然有理由去寻找书面的诗行（甚至包括其中的标点）和音乐技巧之间的对应关系。假如拨奏可以被听成是一个问号，那么音乐休止符的表现力又怎会比分号或破折号更小

---

1 拉马丁（1790—1869）是十九世纪法国著名的浪漫主义诗人，李斯特的《前奏曲》这个标题，被认为来自于拉马丁的《诗的沉思》这部诗集中的《前奏曲》一诗。——译者注

呢？和标点符号一样，休止符也并不传达沉默；沉默不过是印刷装置所给出的一种表现。

我们可以给出大量的例子。李斯特在他的《B小调奏鸣曲》以休止符作标点就是一个明显的例子，即便是一个漫不经心的听者也能听出来。同样的，贝多芬《第三交响曲》里所有的开头两个和弦后都跟着一个休止符，这对听众而言也显然起到了感叹号的作用。

当然，休止符并非音乐家表明自己在作曲中引入了一处静默的唯一方式。和诗歌一样，作曲家同样可以使用停顿（记作一对斜线，常常被称为“铁轨”），它有时与“全休止”[1]联系在一起。全休止由休止符上加一个延长符表示，它以演奏者的自身判断为准来延长静默。

1 全休止（Grand Pause）表示全体演奏者在此处均静止。——译者注

尽管它很少被标记在一首曲子的开头，但独奏
者常常会在一场演出的开始加入一个全休止。
049 在布鲁诺·蒙桑容 1998 年的纪录片《不安分的里赫特》里，伟大的俄国钢琴家里赫特忆及他在莫斯科音乐学院的老师海因里希·诺伊豪斯教给他的最重要一课："在李斯特的奏鸣曲里，他交给我一件至关重要的事：静默。如何让静默发出声音。我设计了一个小技巧。你走上台去坐定。一动不动，在静默中，你数到三十。这时观众席上会有某种骚动。'发生了什么？'而就在这漫长的静默之后，你弹下第一个 G 音。"

有位作曲家甚至将这个全休止符放在了他的墓碑上。俄国作曲家阿尔弗雷德·施尼特凯位于莫斯科新圣女公墓的墓地上压着一块岩石，石头上刻着一个休止符加一个延长符，底部还有一个三重增强音符：一场非常、非常喧

闹而绵长的静默。

约翰·凯奇的《4 分 33 秒》[1]的各种版本的乐谱都是关于静默之再现的有用的例子。如读者所知，《4 分 33 秒》是一首完全由休止符构成的曲子。大卫·图多尔于 1952 年 8 月 29 日首次公开表演这部作品时，以合上琴键盖开始自己的演出。在一只秒表的指示下，这位钢琴家用沉默地反复打开并合上琴键盖来表示这首曲子的三个乐章的分段。虽然原来那份空乐谱已经遗失，但在 1989 年，图多尔还是将它重构了出来——近四十年前的那个夏夜，在纽约伍德斯托克附近的玛沃里克音乐厅，图多尔正是一手安静地翻动这份乐谱，一手怀着一只秒
表完成了表演。空白五线谱上用铅笔写下的每 050

1 约翰·凯奇（1912—1992）是极具争议性的美国先锋派古典音乐作曲家，《4 分 33 秒》是他最为出名的作品，全曲分三个乐章，但没有一个音符。——译者注

分钟拍数和4/4的时间记号，以及沿着右边缘的三个十进制记号（加上右下角的页码）便是作曲家留下指导演奏者的唯一记号了。[1]

约翰·凯奇写给痕码出版社1960年版乐谱的一份笔记标明了每个乐章的长度；乐谱本身仅剩下三个罗马字母，每个后面跟着“TACET”字样。早些时候，凯奇的1953年凯尔曼手稿（现存现代艺术博物馆）将三个乐章的沉默写成了一些竖线，它们将白色的页面分割成若干部分，每个乐章的长度都标注在竖线的轴边。[2] 或许是受到凯奇为痕码出版社版本所写的笔记中的那句“本作品可以由一位或若干位演奏家合作演出，持续任意时间”的启

---

1 Kyle Gann, *No Such Thing as Silence: John Cage's 4' 33"* (New Haven: Yale University Press, 2010), 180.

2 "MoMA gets John Cage's silence," November 22, 2012. Accessed February 23, 2015. http://www.phaidon.com/agenda/art/articles/2012/november/22/moma-gets-johncages-silence/.

发，弗兰克·伦纳德在2012年安排了一场装模作样的铜管五重奏，他用了三个高音部和两个低音谱号，所有的五线谱上都只有一个居中的完整休止符加一个延长符。[1]

伦纳德证明，尽管用传统记谱法写下这个作品是可能的，但凯奇本人抛弃了这种传统做法，并转向了另一种与之不同的视觉呈现方式，辅之以对音乐家的口头指导，以使他们知道如何使演奏超越单纯的四分半的沉默。凯奇对探索新的音乐记谱体系的兴趣导致了出版于1969年的《乐谱》一书——一本由凯奇编辑的现代音乐手稿集。这本书证明，凯奇并非唯一在尝试创造性地再现声音与静默的作曲家。本书接近一半的地方有一份空白歌谱，底部潦草

1 Frank Leonard, 4' 33" - Brass Quintet Arrangement. Accessed February 22, 2015. https://www.youtube.com/watch?v=_v46feKoOoI.

地涂着“回到查尔斯·艾夫斯 雷丁 康涅狄格”的字样。这张白纸几乎与图多尔根据凯奇的曲子的首演而重构的乐谱一模一样，这意味着查尔斯·艾夫斯，或许是无意间，在早于《4分33秒》几十年的时候，就已经写下了一首静默的曲子，并且使用了与凯奇同样的形式来再现音乐的缺位：空五线谱。

埃里克·萨蒂的友人阿方斯·阿莱在他1897年的《一个聋子的葬礼进行曲》中给出了一份类似的具有二十四个空白小节的乐谱。(需要注意的是，阿莱是一位法国幽默作家，而非作曲家。) 在这张先行者的名单上，我们还应加上埃尔文·舒尔霍夫1919年的《五幅风景画》钢琴曲；其中静默的《在未来》部分完全由休止符构成。[1] 此外，凯尔·甘恩曾从

1 http://en.wikipedia.org/wiki/Erwin_Schulhoff.

《练习曲》这份面向钢琴家的杂志上发掘出一部 1932 年的漫画，其中，一个顽皮的小孩"因为做了一首完全由休止符构成的曲子而摆脱了练习。让这个巧合显得有些诡异的是这位漫画家的名字：海·凯奇。"[1]（这些先驱者并未磨灭约翰·凯奇的成就。毕竟，正如梭罗 1843 年在康考特讲坛提醒他的听众的那样，即便是荷马也有他自己的荷马和俄耳甫斯。）[2]

当然，凯奇认为《4 分 33 秒》不是关于静默的表演，而是在构造偶然的噪音，"它仅仅是一种聆听行为"。[3] 然而，正如我们对一幅画作周边的画框和墙壁视而不见，暂时将它们隐去以便专注于画布一样，如果可能的话，我们

---

1 Gann, *No Such Thing as Silence*: *John Cage's 4' 33"*, 120.

2 https://www.walden.org/documents/file/Library/About%20Thoreau/D/Dial/Homer.pdf.

3 Gann, *No Such Thing as Silence*: *John Cage's 4' 33"*, 186.

也会在台上演奏着钢琴奏鸣曲时，对音乐厅里坐在身后的那个老头的喘息声充耳不闻。凯奇或许会期望将音乐厅里的每一次吱吱声、咳嗽声、风声装进《4 分 33 秒》，但在绝大多数音乐会上，它们都在静默中湮灭了。他并未织就那些噪音；《4 分 33 秒》让我们注意到了自己在聆听一件艺术品时的沉默（或试图沉默）。这个关于“视而不见”的问题，与艺术展馆中的当代装置艺术向我们提出的问题，不是一模一样吗？我们应在何处停止观看？杜尚在始于 1915 年的玻璃绘画《新娘甚至被光棍们扒光了衣服》中，不也提出了同样的问题吗？我们是应当关注玻璃本身，还是透过它去进行观察？而不论如何，我们是否要抵抗这样一种冲动，即去留意从这件透明艺术品另一端反过来盯着我们的那些展馆参观者的脸？

将静默等同于不可见，将会使人辨认出两

种非常不同的艺术形式的审美目标中的相似性，但最后，这种策略并不能长久地弥合这种不同。如果在文学和音乐——这两种艺术形式依赖于沉默、语词和声调，我们将后二者定义为它们的媒介——中对静默的表现要比初看之下更为复杂，那么这个问题在视觉艺术中就更为繁复，尤其是要试图区分那些在绘画、雕塑和其他视觉形式中再现沉默的尝试，和那些将沉默本身作为其作品主题的艺术家们的努力。

正如一首诗歌或小说可能试图去描述一个静默的场景，一幅具象绘画的叙事成分也可以 053
唤起某个地方或某个时刻的宁静。一片田园风景中的安宁的池塘或许意味着一方未被打扰的寂静，而一只作势要扑向一位无辜受害者的魔鬼，则或许造成了一种整个世界都在暴力发生前屏息凝神的印象。但是，与对具象绘画的关注相比，人们更容易认为，或许抽象表现主义艺术，由于其拒绝呈现一幅可辨认的视觉形象，而最有可能与静默发生关系，也最便于揭示这样一种困境：一种不可听的艺术形式如何再现一种听觉现象。

位于休斯敦的罗斯科教堂外的一块欢迎告示上写道，“诚邀访客来体验静默。”[1] 然而，马克·罗斯科受多米尼克和约翰·德·梅尼尔委托创作的十四幅黑色绘画，究竟是对静默的再现，抑或仅仅是对静默的坚持，已经成了一个无法由艺术家本人来回答的问题：他于教堂开业的1971年之前一年自杀身亡。尽管他曾承认，他“只对表达基本的人类情感——悲剧、

---

1 Leah Binkovitz, “The quiet, quiet signs of Rothko Chapel,” September 30, 2014, updated November 11, 2014. Accessed February 22, 2015. http://www.houstonchronicle.com/local/gray-matters/article/The-quiet-quiet-signs-of-Rothko-Chapel-5788978.php#/0.

狂喜、厄运等等有兴趣”[1]，他却摒弃那种认为可以将绘画翻译成文字的看法，并有一个广为人知的解释：“静默是如此精当。”[2]或许更准确的说法是，去邀请访客来体验某种超越了语言的东西，那不是静默本身，而是某种特定的静默的形式，其中语言被强制噤声。

同样的，我们在什么样的基础上可以宣称，卡济米尔·马列维奇的至上主义[3]作品《黑方块》，这件非具象艺术的图腾，是对静默的再现？他坚持认为这件 1915 年的作品什么 054
也没有描绘，什么也没有表达。而当他花去生命的最后十年，创作符合苏联当局要求的社会

1 Selden Rodman, *Conversations with Artists* (New York: The Devin-Adair Company, 1957), 93.

2 Jacob Baal-Teshuva, *Rothko* (Cologne: Taschen, 2003), 50.

3 至上主义（Suprematism）是由马列维奇（1878—1935）创始的现代主义艺术流派，强调最基本的几何形式，使用有限的色彩，意在发展出一种以纯艺术感觉至上的抽象艺术。——译者注

主义现实主义的写实绘画，并于 1935 年死于癌症时，却静静躺在黑色方块之下，他的哀悼者们也在他的葬礼上举着印有黑方块的横幅。这个符号是否既再现着，又捍卫着他的沉默？或者这仅仅是这位逝去的艺术家的最著名的象征符号，一曲为独裁当局所容忍的沉默的挽歌？[1]

凝视着一件艺术品时，我们毋须很久就会意识到，我们无法轻易地区分一件再现静默的作品，和一件将静默作为其主题的作品。更令人困惑的是，我们轻易地就将静默混淆于那种意在让我们哑口无言的作品。但是，当罗斯科、马列维奇和其他类似的艺术家主张视觉艺术作品是对人类经验的沉默的阐述时，这些否

1 Thomas B. Cole, "The Cover," *Journal of the American Medical Association* (JAMA) 305, no. 11 (March 16, 2011): 1066.

认了语言在他们的作品中的作用的艺术家们，已将静默提升为他们的艺术媒介本身的一个组成部分了。和文学与音乐一样，视觉艺术不仅是一种关于视觉材料这一我们通常认为的艺术媒介的技艺，它亦是关于静默的技艺。

7

默读

恰如斯特恩的空白页面邀请读者暂时停顿，在这处静默的涡流中躲避叙事者的语词，同样，纸张页面上的每一处空白，难道不都是一处出口，甚或一次逃离，以避开作者的声音？然而，当我们停止阅读时我们并非在沉默中寻求庇护；我们仅仅是消去了那个打断了我们自己的纷飞思绪的唠叨的声音。或者更宽容地说，我们将两个互相争辩的声音的二重奏，化作了我们自己的咏叹调，它将高声吟唱，而不被，比如说，那个唠唠叨叨的项狄打扰。

或是被我打扰。那些曾从本书的书页间抬

起视线进行思考的读者，无疑对我关于静默之再现所下的论断怀有不少的疑问。

阅读是一场沉默的论辩吗？我们不断进入书本，又从中退出，以思考作者的论述和我们对这些论述的有效性的看法。然而，并非所有的阅读都是这样的一场对抗，一次唇枪舌剑的对话。有谁未曾被一篇扣人心弦、字字珠玑的论述所折服，未曾沉醉在他人的思维里，而又被一声电话铃或其他干扰拽回现实？事实上，阅读本身难道不正是一次中断，至少是我们对自身感受的一次中断？那个敲门声不也正是一记将我们从某个梦中唤醒的重击？

在使用步话机时，需要按下按钮来说话，放开按钮来收音，类似的，阅读不也要求在某个确定的时刻里，作者的声音或读者的意识中只有一者能够发声？这一类比意味着，阅读是一种引接他人的思维意识的行为，其中，我们压抑自己的声音，以款待另一个思维意识的声音，两者在对话中互相交替。

然而，如果某些其他状况吸引了我们的全部注意力，又会发生什么呢？书页间的墨痕难道不将始终保持沉默，直到读者终于有时间将它们变成语词，有精力为这些沉默的字母所保存的思想重新注入生机？为了阅读，我们的思维意识是否必须保持某种余暇，以接收他人的声音？或者换句话说，一颗思绪翻飞的头脑，是否会因拒绝被长时间地压制而无法进行阅读？由此，阅读是否是一种至少是间歇性的自我噤声？而当自我遇到威胁时，这种噤声是否就将是不可容忍的？

据说，在重疾发作时，人们首先失去的便是阅读的能力。我在十年以前知晓了这一洞见的真实性，但并非由于疾病，而是由于无家可归。

057 2005 年，我们全家逃出迫近的卡特里娜飓风。我避居于我在达拉斯的兄弟家里，并期望能在一两天后回到新奥尔良。这场风暴在城里的记录风速为 100 英里每小时，因此不过是一个强一级飓风，也并未在那个八月的周一早晨摧毁新奥尔良。但在它过境之后，由美国陆军工程兵部队设计建造的残次的堤坝溃陷，洪水淹没了 80%的城市，其面积达到七个曼哈顿大小，灌入的海水深达十四英尺。

到当周周四，我们已经开始意识到我们无法在短期内回家了。我的姐姐也住在达拉斯地区，她带我们去看了场电影，《四十岁的老处男》，好让我们不去想那场依旧在蔓延的灾难。当这部喜剧开始在昏暗的影院里放映时，我开始感到自己无法呼吸。这天晚上，我把这个情况告诉了自己的妻子。她很震惊——因为她体验到了同样的窒息感。她告诉我，她事实上几乎不得不在电影中途离开影院。

这与我们当晚所看的电影无关；我至今也不知道这部电影的情节是什么。但要试图发挥想象力、融入屏幕上放映的这个故事几乎就是一种不可容忍的行为。在接下来的几周里，当我们等待着戒严令解除，部队允许我们回到被摧毁的家园时，我们发现阅读已经变得跟看电影一样困难。

我们最终恢复了阅读和看电影的能力，但 058
仅仅是一部分。在大坝溃堤之前，我们常常在一个周末里看掉三部电影，但即便到了今日，十年之后，我们也只能偶尔一周看一部电影。同时，我发现我也无法和从前一样，让自己沉浸在一本书里了。

当我把这个持续性的后果与其他从洪水及其余波中幸存下来的新奥尔良人分享时，许多人会承认他们患上了同样的残障——而有时候，知道有些人再也无法阅读的消息会让他们感到宽慰。

在我看来，在我们身上，以及在一些身患重病的人身上所发生的事情，与阅读所要求的对自我的压抑有关。灾难或疾病的受害者持续地遭遇一系列的问题——我是否还有工作、怎么挣钱、我的保险会赔付我的遭遇吗、我的婚姻是否还能维持、我的人生将如何改变——因而会紧紧揪住自我。他们不敢放手片刻。

但是，阅读（或看电影）要求你将思维让位于其他人。但挣扎着试图重新勾画自己生活的这些人的头脑已被一大堆烦恼所占据，他们无法将这些烦恼放在一边，甚至在睡梦中也是如此。新奥尔良人会告诉你，在大坝溃堤后的那几天里，他们会在凌晨两三点醒来，并突然意识到，譬如说，因为他们的银行以及银行的计算机都泡在了水里，他们没法取出自己的存

款了。我可以以个人经验证明，在这样的惊醒
之后，人是无法再次入睡的。你只能睁大着眼 059
睛躺在黑暗中，等待黎明的到来，并试图不要
弄醒睡在你边上的人，而他/她很有可能也醒
着。你们就这么静静躺着，期待着两人中至少
能有一个人一觉睡到天亮。

所以我无法阅读。但我的写作能力没有被因为目睹我的家乡被摧毁而造成的心理创伤所削弱。在大坝溃堤五周后我们回到了城里，我们的房子再也不能住了，我们睡在一家日托中心，没有热水。在那里——坐在一张十二英寸高的蓝色塑料椅上，并将手提电脑放在一张几乎一样高的红色塑料桌上——我为《纽约时报》写了十五篇专栏。

我全然无视周边环境，一篇接一篇地写作。其中一篇写到了我所失去的个人图书馆，并从这 2500 本被洪水毁去的藏书中举出了一

些例子。全国的读者开始给我寄赠那些我在文章中提到的书籍以及他们自己最喜欢的书：伊丽莎白·毕晓普的诗集、金边本的爱默生文集、罗伯特·菲格尔斯译的《奥德赛》。这都是情深意厚的礼物，但我无法阅读它们。

如我的经验所示，阅读在根本上是一种对自我的间歇性的噤声，至少在自我有能力接受沉默时是如此。但这样一种理解方式必然导致对真正的默读——我们将其视为一种形式的幽独——的可能性的质疑。正如我们不太愿意打断别人的祷告，我们也会为自己打扰了别人的默读而道歉，好像我们侵犯了别人的隐私。但是，阅读和打电话一样，都不是什么独自一人的事情。并且，阅读是一种沉默的、私人的行为这一观念，也是相对现代的。

在奥古斯都的《沉思录》前半部分，他注意到他的老师安波罗修有默读的习惯。奥古斯都一反常态地花了一整段篇幅来描述并为这种做法辩护，他猜想，安波罗修这么做可以用沉默将自己包裹起来，这样他的学生就不敢打破这种沉默去向他提问了。尽管奥古斯都继续为他的老师开列其他理由，譬如这样做可以更快地读完全书、可以防止自己不弄哑嗓子，但到最后，他还是不得不承认自己并不知道老师这么做的动机，虽然他相信老师必然有自己的理由。[1]

奥古斯都的记述表明，在古代，阅读几乎总是一种集体行为，以促使其听众互相辩论。在今天的大学里，这一实践方式的影响依旧在持续，以至于课程会被称为讲授（lecture），这个词的词源来自于拉丁语的 legre（读）及其过

1 Augustine, *The Confessions*, trans. Henry Chadwick (Oxford: Oxford University Press, 1991), 92 - 93.

去分词形式 lectus。此外，许多学术会议依旧是以大声朗读论文为主要形式的。在宗教社群中，这一传统就更加显著，绝大多数礼拜式都包括了向教众读经的部分，有些修道院始终在餐厅里放置读经台，以在用餐时阅读。

侯歇·夏提叶追溯了约在十二世纪中叶巴黎大学建立前后默读的兴起过程，从中世纪的抄写员到大学的学者。他注意到，到了十五世纪，默读已经在受过教育的读者中成为常态，
061 然而即使是四百年以后，在拉比什 1864 年的喜剧《奖金》中，还是会有人嘲笑一个大声朗读私人信件的农民；这个乡巴佬反驳道，如果他听不到他所读的内容，他就没法理解它们。[1]

---

1 Roger Chartier, "The Practical Impact of Writing," in *History of Private Life*, *vol*. 3: *Passions of the Renaissance*, ed. Roger Chartier (Cambridge, MA: Harvard University Press, 1993), 125.

当然，朗读对于家庭的作用依旧为人们所承认，不论是塞缪尔·皮普斯[1]在1667年圣诞前三夜为他的妻子朗读，以使她分心不再牙疼，还是《杀死一只知更鸟》里年轻的杰姆为杜波伊斯夫人朗读，以帮助她克服毒瘾，又或者《公主新娘》里老爷爷为生病的孙子读故事。克拉拉·克莱伯恩·帕克在1980年的一篇关于记忆的性质的文章中，提及她母亲会在她姐妹们做针线活时为她们朗读，以及一位大学友人的父亲会在每天晚饭时为全家读一章狄更斯。[2] 但是，除了在家里面对年幼的孩子，对别人大声朗读的习惯在我的有生之年已经逐渐

1 塞缪尔·皮普斯（1633—1703），英国托利党政治家，历任海军部首席秘书、下议院议员和皇家学会主席，以留下一份1660年到1669年间的事无巨细的日记而出名。这份日记后来成为历史研究的重要材料。——译者注

2 Clara Claiborne Park, "The Mother of the Muses: In Praise of Memory," *The American Scholar* 50, no. 1 (1980 - 1981): 55 - 71 (67).

消亡。

通常而言，至少对成年人来说，大声朗读已经不再是一项集体活动。当然也有一些例外。尽管识字率在提高，公开朗读政府布告也已不再必要，但朗读这一实践依旧在我们社会的角角落落留下了一些残迹。有声读物——在早些时候这个词本身就会显得冗繁——在当代具有广泛的听众；如 iPad 和 Kindle 之类的平板阅读设备提供了朗读文本的功能，以防备人们的双眼变得困倦。对大多数美国小说作家，以及几乎所有诗人而言，通过为自己的粉丝朗读作品而挣的钱都比出版要多。文学朗读的广受欢迎，至少一部分的原因要归功于当代的名人崇拜——假如在二十一世纪用“名人”这个词来形容小说家和诗人不会引起哄笑的话。一种共同的兴趣将一位特定作家的读者们聚拢了起来，一同聆听作品的朗读。同时，我们也确实可以从这类表演中更清楚地体会到作者用词的节奏。帕克在她的文章中提醒我们，正如摩西·哈达斯指出的，古希腊文学“是一种应在公共场合被聆听的文学，而非在私下里默默地浏览。”[1] 文学朗读尊奉着这一传统。

但是，我们真的只是默默地浏览书面词汇吗？最近的神经学研究质疑了默读是否真的是静默的。越来越多的证据表明，大脑将“默”读作为一种听觉现象。

在发表于 2011 年的《认知神经科学期刊》的《直接与间接引语的默读激活了听觉皮质区中的声音选择区》中，姚博和他的同事们发现，“总的来说，我们的结果提供了客观的实证支持，证明在默读书面文本，尤其是阅读直接引语时所直觉地体验到的‘内部的声音’的

1 Park, “The Mother of the Muses: In Praise of Memory,” 63.

存在。”[1]

其后一年，马瑟拉·佩隆-贝托洛狄等人在
发表于《神经科学期刊》的《默读有多默？阅
读过程中对暂时性声音区域的顶-底激活的颅
内证据》一文中解释道：“正如你在阅读这个
063 句子时可能体验到的，默读经常会涉及一种想
象性的会话成分：我们可以听到我们自己‘内
部的声音’在思维中发出单词的声音。最近的
功能性磁振造影研究已经将这一成分与听觉皮
质区，包括声音选择区中的增强的新陈代谢活
动联系在了一起。”[2]

这些作者继而宣布了对姚博的发现的实验

---

1 Bo Yao et al., “Silent Reading of Direct versus Indirect Speech Activates Voice-selective Areas in the Auditory Cortex,” *Journal of Cognitive Neuroscience* 23, no. 10 (October 2011): 3146-3152 (3149-3150).

2 Marcela Perrone-Bertolotti et al., “How Silent Is Silent Reading? Intracerebral Evidence for Top-Down Activation of Temporal Voice Areas during Reading,” *The Journal of Neuroscience* 32, no. 49, 17554-17562 PMID: 23223279, (17554).

证明，即“阅读在没有任何听觉刺激的情况下即刻引发了听觉进程”。[1] 通过使用“听觉皮质区的直接电生理学记录来表明默读激活了听觉皮质区的声音选择区”[2]，他们总结道，“书写文字轻而易举地产生了生动的听觉经验”，而读者“即便是在阅读不包括任何确定的说话者的叙事时，还是产生了内部的声音。”[3] 但是，这些作者提醒我们，“持续的内部声音激活并非是一个在阅读任何书面文字时都会系统性地发生的自动过程。在参与者投入地阅读（以理解并记住句子）时，这一现象明显增强，而当阅读者精神不集中时便会减弱。”[4]

当我们认真阅读而非匆匆浏览一个文本

1 Betolotti-Perrone, “How Silent Is Silent Reading,” 17560.

2 Ibid., 17558.

3 Ibid., 17560.

4 Ibid., 17560.

时，便会体验一个听觉过程。对于大脑——或对我们大多数人——而言，默读并不默。

佩隆-贝托洛狄在文章导论中几乎是漫不经心地提到，“很少有人会反对，我们大多数清醒的时间都花在了偷偷地与自己说话上。”[1] 然而，2010 年《每日邮报》上一篇朱莉·克洛斯的文章却报道了一位生活在特伦特河畔斯托克市的患有失读症的五十岁建筑工人，当他发
064 现自己的妻子在默读时会在脑中听到声音时感到非常惊讶：“我从来没在自己的脑袋里听到任何声音——从来没有。我吃惊得几乎从椅子上摔了下来。”他继续解释道：“这对我来说太奇怪了。我的阅读能力和五岁的小孩一样，所以我从不阅读。如果我做梦，那么我的梦是视觉的。它们从来都是完全无声的。”他表示这

1 Betolotti-Perrone, “How Silent Is Silent Reading,” 17554.

对他的生活造成了巨大的影响。“现在我更加理解自己的行为了。我总是遵从自己的情绪，因为我的脑中没有一个声音可以来分析我要说或要做的东西。”[1]

谢菲尔德大学的罗德·尼克森教授正试图在失读症和内在声音的缺失之间建立联系。“每个人都觉得别人跟自己是一样的。但我们发现，并不是所有人都有一个内部的声音。而在那些没有的人那里，识字率常常很低。但是，我们也发现了很多患有失读症的孩子发展出了完备的内部声音。”在上述文章中，英国失读症协会的凯特·桑德斯博士表示，“30％到50％的失读症患者同时患有多动症，这一疾

1 Julie Cross, "Do you hear a voice in your head when you read? If not . . . you could be dyslexic," *Daily Mail*. Updated: 16: 00 EST, April 3, 2010. Accessed February 3, 2015. http: //www. dailymail. co. uk/health/article-1263307/Do-hear-voice-headread-If-dyslexic. html.

病会影响人们保持静止和精神集中的能力。我们相信，许多多动症患者也缺乏内部声音。”[1]

遗传同样在这里扮演了一个角色：那位患有失读症的建筑工人有两个成年的孩子，他们都患有失读症，并且没有内部声音。

因此，尽管显然有许多因素在失读症中起到了作用，但是，“默读”不仅是一个误称，而且，静默事实上或许是阅读的一个障碍。

1 Cross.

8

舞台上的静默

"杂技艺人在舞台上表演时并不是从头到尾都在扔球，"曾获托尼奖的演员及歌手迈克尔·瑟沃瑞斯说，"有一半的时间，他都在等待球的降落。"[1]

对瑟沃瑞斯而言，表演中的静默或许要比说出的台词更重要。"我确实在停顿中感到了沉静，"他解释道，"在这些时刻，表演并未被言说所稀释。静默给了你一个机会让你去纯粹

1 Conversation with Michael Cerveris, *New Orleans*, February 19, 2015.

地展现——并且与观众一起沉默。”

作为近几十年来的音乐剧舞台上的重要人物，瑟沃瑞斯同意，音乐作曲中的休止并非中断；他尤其认同休止符是无声的音符这种看法。尽管在表演中，还存在另一个因素：“舞台上的静默赋予了观众去做出自己结论的空间。”

创作型歌手保罗·西蒙在《纽约时报》上为斯蒂芬·桑德海姆的回忆录《完成这顶帽
066 子》写了篇评论，其中也提及了类似的观众对静默的需求：

> 桑德海姆引述了词曲作者克雷格·卡尼里亚的话：“真正的节奏是戏剧的必需，它引导着耳朵去理解它刚刚所听到的东西。”关于注意力、关于听众需要时间去消化复杂的台词或去想象一个不常见的图

> 景，我有一个类似的想法。在一句艰深的台词后，我尝试留下一点空间——要么是静默、要么是一段套话——来给听众一个机会“跟上”歌曲，以防在下一个想法到来之前听众已经感到了困惑。[1]

然而在瑟沃瑞斯看来，舞台上的静默不仅是为了留出时间去理解之前的台词：“静默提供了一个共享的空间，其中，演员和观众能够一同沉默——就好像一对坐在一起而不说话的恋人。戏剧需要沉淀的时刻，在这些时刻，情绪被无言地分享着。”

因此，并不令人意外地，他将对静默的运用视为一场演出过程中对不同观众的反应变化

---

1 Paul Simon, “Isn't It Rich?” *The New York Times*, October 27, 2010. Accessed March 5, 2015. http://www.nytimes.com/2010/10/31/books/review/Simon-t.html?pagewanted=all.

最为敏感的表演元素。“排练的最重要的方面之一就是节奏，以及一场戏里不同角色各自的沉默如何彼此混合、协调。在表演中，每天晚上都必须调节沉默的速度、方式和长度，不仅
067 以此回应观众，亦以此回应，比如，当天晚上默默坐在一边的另一位演员。发生这种事情往往让人非常沮丧。”

剧本上的台词与它们在舞台上的呈现之间的区别，往往存在于经验丰富的演员在将台本转化为表演时所引入的各种沉默的变化与意义。很少有哪些戏会像品特[1]的作品那样，如此频繁地测试演员在台上表演沉默的能力。正如英国皇家剧院的前主管彼得·霍尔在《执导

1 哈罗德·品特（1930—2008）是英国剧作家与戏剧导演，作品受到荒诞派的深刻影响，力图揭示日常生活中的危机与压抑，在政治上持激进的批判立场，于2005年获诺贝尔文学奖。——译者注

品特》中所说：

在品特那里，停顿、静默和省略都是不同的。停顿事实上是一座桥，此刻观众认为你在桥的这边，而当你再次开口时，你就到了桥的那边。这是一次停顿。同时它常常是一次警告。它是一个缺口，回过头来会被填满。它不是一次彻底的终结——那是静默，在静默中，冲突彻底走向极端，已经不再有任何东西可说，直到气氛渐渐冷却，或者气氛渐渐升温，随后一些全新的内容出现。省略则是一次非常小的犹豫，但它确实发生了。省略不同于分号，品特几乎从不使用分号；它也不同于逗号。逗号是某种你可以重新赶上的东西，你经过了它。而一个句号仅仅就是一个句号。你停下了。[1]

观众或许没有意识到，各种类型的静默是如何审慎地被嵌入一部戏剧的写作和排演中。
068 而在一次演出中更难进行区分的，是戏剧作家为演员所提供的、根据当晚观众的反应来调整沉默的机会。譬如在我创作的关于新奥尔良洪水及其后果的《涨水》三部曲的第二部《猎枪》中，在第一幕结尾处写到一个男人在喝醉后向一个女人坦白他妻子的死。两人在深夜一起坐在厨房餐桌边。在此剧首演的排练中，罗斯·布莱克维尔，一位杰出的演员，劝我把由他的独白所引出的另一个角色的那些发问和同情的感叹统统删掉。由此，这段对白的台词几

1 Peter Hall, "Directing Pinter," in *Harold Pinter: You Never Heard Such Silence*, ed. Alan Bold (London: Vision Press Limited, 1984), 26.

乎仅剩下遍布于他的独白中的停顿和沉默。[1]

在这样一个场景中，那个在台上倾听着一个漫长故事的演员的技艺更不容易为观众察觉。在这样一场独白中，这位演员从头至尾都在表演——尽管几乎完全处于沉默中。当观众的注意力倾注在独白者身上时，倾听者也要保持入戏状态。这样的专业性是一种为专家所欣赏的表演技艺的要素之一，但它几乎完全不为观众所见——或许直到一位稚嫩的演员向他们展示出始终保持沉默与入戏是多么地困难为止。

如果上述所有内容都还不够复杂，那么，哈罗德·品特在他的《全集》第一卷导论中指出，即便是言说，也是一种沉默的形式：

---

1 John Biguenet, *Shotgun* (New York: Dramatists Play Service, Inc., 2011), 34 - 36.

> 有两种沉默。一种是没有人说话。另
> 069 一种或许是一种语言的洪流的运用。这种言说，是在说出一种被闭锁在其自身之下的语言。前者持续地指向后者的存在。我们所听到的语言，是我们所没有听到的语言的一种标示。它是一种必要的空缺，一道暴力的、狡猾的、痛苦的或是嘲讽的烟障，它将另一方留置在位。当真正的沉默来临，我们依旧留有回声，但却更近乎裸露。看待言说的方式之一，是将其视为一种掩盖裸露的持续的诡计。[1]

当然，对静默在舞台上的作用的这种看法并非始自品特。正如莱斯利·凯恩指出的，“在我们遇到莫里斯·梅特林克之后，无法表

---

1 http：//en.wikipedia.org/wiki/Silence_（1969_play）.

述之物——对于静默和朴素的对话的生动运用，它们暗示着比表面上所传达的更多的内容——‘成了剧作家当务之急’。”[1] 梅特林克自己也在他的《静默》一文中解释道，任何试图说出最深刻的人类经验——譬如死亡或爱——的尝试，都必须对那些我们不知道如何用语言表述的真理保持缄默。然而，在找寻言词的踌躇失败中，在结结巴巴的沉默中，我们或许能瞥见真理。[2]

许多评论家主张，在十九世纪，信仰与确定性的飘零导致了语言的贬值以及静默的美学价值的提高，因为作家日益怀疑自己是否有权

---

1 Leslie Kane, *The Language of Silence: On the Unspoken and the Unspeakable in Modern Drama* (Rutherford: Fairleigh Dickinson University Press, 1984), 27. 莫里斯·梅特林克（1862—1949）是比利时的象征主义剧作家、诗人、散文家，作品致力探索不可见之物，于 1911 年获诺贝尔文学奖。——译者注

2 Maurice Maeterlinck, *Le Trésors des humbles* (Paris: Mercure de France, 1896), 22.

威去标榜真理。但我们也应考虑到，在这一时期，语言自身是否也成了受到审视的机制之一——不论是索绪尔对语言结构的批判性分
070 析，还是路易斯·卡罗对语言的任意性的诙谐讽刺。随着其权威性的解体，语言成了其不忠的使用者们的媒介。正如苏珊·桑塔格指出的，“困惑于语词的背叛”，现代作家转向了“对沉默的追寻”。[1]

有些人确实在相当忠实地追寻沉默。在《剧作家死了吗？》一文中，林·加德纳写到了她与“惊狂集会”[2]的斯托克·格拉汉姆的一次对话，后者“滔滔不绝地说着她与拜尼·莱弗利在《斯德哥尔摩》中的合作，以及她如何表

---

1 Susan Sontag, “The Aesthetics of Silence,” *Styles of Radical Will* (New York: Dell, 1978), 5.

2 “惊狂集会”（Frantic Assembly）是一家于 1994 年创立于英国的戏剧公司，致力于创作非传统的先锋戏剧作品。——译者注

达了书写沉默的意愿，她要把一个场景精简到‘语词变得多余’为止。”[1] 这正是奥地利剧作家彼得·汉德克在《此刻我们对彼此一无所知》中所做的，这部一百分钟的戏里没有说一个词。

要聆听对各式各样的静默的追求，没有比现代舞台更好的地方了。但是，晚近的历史中还有另一种文学上的静默，以不可言说之物的形式降临到了我们身上。

1 Lyn Gardner, “Is the Playwright Dead?” *The Guardian*, January 13, 2015. Accessed March 14, 2015. http: //www. theguardian. com/stage/theatreblog/2015/jan/13/is-playwright-dead-david-edgar.

9

那不可言说的

许多人都很熟悉阿多诺 1949 年的《文化批判与社会》一文结论处经常被引述的那句禁令，即沉默是对大屠杀的唯一合适的审美回应：“奥斯维辛之后，写诗是野蛮的。”[1] 但很少有人知道阿多诺后来放弃了——或至少是修正了——他的要求，即诗人不应试图去说出那不可言说之物：

> 经久的苦难有权被表达，正如一个受刑

1 Theodor W. Adorno, “Cultural Criticism and Society,” *Prisms*, trans. Samuel and Shierry Weber (Cambridge, MA: The MIT Press, 1981), 34.

的人有权叫喊；因此，说奥斯维辛之后你不再能够写诗或许是错误的。但是，另一个不那么与文化有关的问题却是应该提出的：奥斯维辛之后，你是否还可以继续生活——尤其是那些偶然地逃出来的人，那些按照法令本应被处死的人，他们是否还可以继续生活。他的幸存本身需要冷酷，而冷酷是资产阶级主体性的基本原则，而没有冷酷，便不会有奥斯维辛；这正是这个幸免于难者的最
072 强烈的自责。出于赎罪，他将会被这样的梦所缠绕：他事实上并没有活下来，他已于1944年被送进了焚化炉，他在那之后的全部人生都是想象出来的，是那个被杀于二十年前的人所发出的疯狂的愿望。[1]

1 Theodor W. Adorno, *Negative Dialectics*, trans. E. B. Ashton (New York: The Seabury Press, 1973), 362-363.

我理解阿多诺替我们其他人禁掉诗歌的最初动机。对那些在一场毁灭世界的人造灾难中幸存下来的受害者们而言，他们或许从出生起就忍受着过于痛苦的经历，这使他们无法从这片荒芜中抬起头来。幸存者们的悲哀、愤慨，以及，是的，没有理由的自责，都需要承认与补偿。从某些地方传来的笑声是一种冒犯；他们的冷漠，不可容忍。

同时，我也赞赏他在十七年后放弃对沉默的要求时的智慧，这建立在阿多诺对他人的同情之上："经久的苦难有权被表达，正如一个受刑的人有权叫喊。"

这种经久的苦难，经常来源于沉默的各种形式。假如我们从大屠杀本身算起，那么，它的意图难道不正是让它的受害者们——不论是犹太人还是罗姆人，是同性恋者还是其他被憎恶的少数群体——噤声吗？这不正是种族灭绝

（及其最近的委婉说法，种族清洗）的目的所在吗？种族灭绝的噤声当然是绝对的，是要去销毁受害者的一切印记，因此，毫不意外地，焚书——这团噤声之火——常常是其前期表现之一，正如国家的审查制度一样，系统性地缄闭异议之声。

073 通过使对手“失踪”的现代手段对异议者进行镇压，是另一种施行静默的方式，它既可以消除政治主张，又可以消除其拥护者。它所造就的经久的苦难既源于失去心爱之人，又源于他们自身命运的不确定性，因为究其本质，秘密是一场永远持续的静默。用静默来延续暴力的成效——不论是间接地、通过在形式上否认发生过的一切，还是更普遍地、通过单纯地拒绝讨论这些问题——这一方法，广泛地为政府和个人所使用。譬如说，恐怖分子拒绝在一次爆炸或其他形式的大规模谋杀后宣布承担责任，以此，怒火中烧的沉默将放大暴力行动所造成的恐惧，延续由此产生的恐怖，至少直到其加害者的谜底被揭开。

所有这些经久的苦难都有权要求被表达，就像阿多诺所说的，“正如一个受刑的人有权叫喊”。但是，种族灭绝和施刑之间有所区别。种族灭绝意在使人沉默；而施刑是对抗沉默的手段。不然的话，施用刑罚（或用美国人的婉转说法，施用加强型审讯技术）的目的何在呢？难道不正是为了强迫固执的沉默者开口说话吗？

不论我们考察中世纪的司法诉讼是如何运用刑罚来使人招供（所谓“证据之王”），还是宗教法庭对异端的殴打，抑或在阿布格莱布使用的加强型审讯技术，其目的都是从沉默者嘴
里逼问出讯息。动刑的目的不是为了惩戒，尽 074
管动刑提供了证据，使日后的惩戒变得有理有

据。动刑的目的也不是痛苦，它仅仅是刑罚的工具之一，此外还有其他形式的令人不安的心理操控和扭曲。刑罚的首要目的是打破受刑者的沉默。

阿多诺促使我们思考，不可言说之物是否要求我们沉默。但是，不论对这一复杂问题的结论为何，我们都很难否认，在国家出于维护自己的权力而使用暴力的过程中，那不可言说之物几乎总是以这样或那样的方式，与沉默有关。

10

静默时刻

一架相机就是一台消音器：一张照片是对一个滤去了所有声音的世界投去的一瞥。不错，在一张被剪裁过的手臂的照片上，我们会用想象为它补上手掌。同样地，我们会为一张静默的照片补上对话、补上啁啾的鸟鸣、远处的引擎声、微风的吹拂，补上所有理解这些色彩的拼接、这些投射在白色相纸上的斑驳光影、这些现实时刻的断面所需的内容。但不同于光影，声音在照片上没有留下任何痕迹。

譬如说，在布列松的《德绍》中，一位愤怒的比利时女性，刚从集中营放出来，正怒斥一位盖世太保的探子，而后者，布列松的旁注写道，“正想躲进人群中”。在这张 1945 年摄于德国德绍的照片里，坐在桌边的这个男人很可能本身就曾是被解放了的集中营里的一位囚犯；他的手握着一支钢笔悬停在一本便签上，并且是这张照片里唯一一个戴眼镜的人。在那位被告发的探子身后，有一个男人依旧穿着集中营里的那种条纹衣裤，手插着腰。相框中挤满了围观这场冲突的人群。在另一处注释里，布列松更详尽地解释了这个场景：“德绍，德国，1945 年。无家可归的人们在一处营地等待分配，此时，一个盖世太保的探子试图假装成难民却被人们发现了，一位集中营的囚犯揭穿了他，后者的面庞呈露着强烈、尖锐的愤怒之光。”[1]

---

1 http: //www. geh. org/taschen/htmlsrc10/m197300570002 _ ful. html.

我们大可想象控诉者口中喷出的暴怒的法语词汇，想象被指控者唯唯诺诺的否认，想象人群中的交头接耳。但在人群远端的那个站在什么东西上想看看发生了什么的男人却把目光投向了自己的左侧；他是听到了什么吗？我们无法知晓，因为相机滤去了当时的所有声音。

布列松当然意识到了为他的照片所创造的这种静默。他在《心灵之眼》中写道，“在创作一幅肖像时，你希望能够捕捉到一位自愿的被摄者的内在的静默，而这是非常困难的。但你必须以某种方式将相机置于他的衬衣与皮肤之间。而在画画时，内在的静默属于艺术家所有。”[1] 因此，照相是去将被摄者的静默提炼出来，而绘画则是将艺术家的静默赋予作品。

---

1 Henri Cartier-Bresson, *The Mind's Eye: Writings on Photography and Photographers*, trans. Diana C. Stoll (New York: Aperture, 1999), 79.

照相是缺席与在场的辩证。沾染着场景的静默确认了拍摄对象的缺席，即便它保存了它们所经历的某个时刻，就像琥珀包裹着一只黄
079 蜂。当然，一张照片只是从时间的湍流表面上撇出的一层饰板。但是，谁又有办法不将现实和它的拟像混同呢？正如罗兰·巴特所说，“一张照片，不论它给我们提供了什么样的视像，也不论以什么方式，它总是隐形的：它并不在我们所看到的东西里。”[1] 假如我们把这个说法和迈克·波拉尼对艺术的定义放在一起——“艺术似乎是一种东西，它在某种艺术框架中再现一个对象，但这一框架本身又与它的再现维度相矛盾”[2] ——那么我们似乎不得不

---

1 Roland Barthes, *Camera Lucida* (New York: Hill and Wang, 1981), 6.

2 Michael Polanyi, "What Is a Painting?" *The American Scholar* 39 (Autumn 1970): 664.

怀疑，一张照片是否可以被视为是一件艺术作品。另一方面，我们是否可以认为，声音的缺席正是摄影的“艺术框架”?

再次引用巴特：

> 一张具体的照片实际上永远无法与所拍摄的对象区别开来（无法和照片所再现之物区别开来），至少无法即刻地、普遍地与所摄对象区别开来。（其他任何图像制品都可以与其再现对象区别开来。这里的障碍——从一开始，并且由于它的自身状况——源于它仿拟客体的方式。）……在本质上，摄影（方便起见，让我们先承认其普遍性，它在这里所指的仅仅是偶然性的不知疲倦的重复）具有某种同义反复的意味：一个烟斗在这里始终、倔强地就是一个烟斗。照片似乎永远携带着自己的拍

> 摄对象。……照片属于那种双层叠合的东西，一旦要将它的两个层面分开，它们就将被同时损毁。[1]

080 或许这正是我们为什么不将照片中那种笼罩一切的静默视为静默。我们无法听到它的缺席，是因为我们将照片看作它所摄取的对象。

博蒙特·纽霍尔认为，旧照片所唤起的那种悲伤与这一媒介本身的性质有关：“对于照片之真实性的根本性的信任，解释了为什么那些已逝之人或消失了的建筑的照片会让人如此忧郁。”[2] 如同一个幽灵，它们既缺席而又在场。

纽霍尔是对的：还有什么能比那些静默的家庭录影，尤其是那些上世纪留下的八毫米胶

---

1 Barthes, *Camera Lucida*, 5－6.

2 Beaumont Newhall, *The History of Photography*, rev. ed. (New York: The Museum of Modern Art, 1964), 71.

片更让人忧郁的吗？棘轮投影仪投射在白色屏幕上的光影，难道不正是一些无声的幽魂吗？他们的问候、他们愉快的调笑，都没有进入我们的耳朵。我们看着他们在静默中爆发出喧闹的大笑，并对未来即将降临的悲泣一无所知。

11

玩偶的静默

和许多现代作家一样，德国最伟大的诗人 之一里尔克也曾哀叹语言无法探究位于存在之核心的静默：“啊，我们是多么频繁地去尝试说出一些更为深刻的话语！我的散文……往深处去……但我们仅仅向下开掘了一星半厘；我们所获的不过是这样一种话语的暗示：这种话语只有可能在静默所统治的彼处存在。”《玩偶片论》便是他的“尝试说出一些更为深刻的话语”的尝试之一，这是一篇关于罗蒂·

普利策[1]的蜡制人偶的文章。其中，他描述了这款经常与童年联系在一起的玩具的诡秘（和忧伤）的方面，以此，他揭示了我们的玩偶的静默所教给我们的恐怖一课：

> 我希望我可以记得我们是否曾唾骂过它，是否曾带着激情，告诉这个怪物我们的耐性已经走到尽头？我们是否从未曾站在它面前，愤怒地颤抖着，去要求桩桩件件地了解它用所有这些财富究竟去做了些什么。而它是沉默的，并非刻意的沉默，它沉默因为沉默是它不变的逃避方式，因为它是由无用的、全然不负责任的材料做成的，它沉默，并且它从未有过用沉默来

1 罗蒂·普利策（1887—1952），德国的玩偶艺术家，活跃于当时慕尼黑的戏剧表演圈子，并以制作蜡质人偶出名。——译者注

换取什么好处的念头，尽管它显然会因此获得极大的重要性——在这个命运乃至上帝本人都以众所周知的沉默回应着我们的世界上。在所有人都试图给我们一个快捷而安慰的答案的时候，是玩偶第一次将这种巨大的（大于生命的）沉默加诸我们，而日后，每当我们逼近生存的边界，这种沉默将一次次地降临到我们身上。正是面对玩偶，面对它对我们的凝视，才使我们第一次（是这样吗?）体验了我们将消亡于其中的那种情感的空无、心跳的停滞——如果不是那一整个柔和地持存着的大自然将我们像某些无生命之物一般抬过深渊的话。我们难道不是一些奇怪的生物吗？我们放纵自己，并被诱惑着将自己最初的情感放在了一个永远没有希望的地方。因此，不论在哪里，那种知悉了生命

> 之荒芜的苦涩，都渗入了那最为原初的温柔之中。谁又知道，是否正是这种记忆，使得人们在日后的生命中怀疑自己无法被爱？[1]

正如玩偶沉默地告诉我们的，它们固有的表情没有提供任何线索，来判断它们对从它们
083 的玻璃眼珠前经过的事物有何看法，这种无情的冷漠回绝了我们的恳求。由此，在它以沉默拒绝回应我们，回应我们的欲望时，我们也学会了这种冷漠。但是，这并非是我们从玩偶那里学会的唯一一堂关于静默的课程。

玩偶不是儿童的一面镜子吗？或至少，它反映了儿童对自己过去样貌的认知？当这个代

---

1 Rainer Maria Rilke, "Some Reflections on Dolls," in *Where Silence Reigns*: *Selected Prose*, trans. G. Craig Houston (New York: New Directions, 1978), 46－47.

表着过去的玩偶被怀抱在小小的臂弯里，浸润着轻声低语，甚或听着某个小女孩质朴的声音唱出的摇篮曲时，它又是如何回应这种无尽的爱意的呢？无疑，是沉默。是的，我们或许可以像阐释一首诗一样地剖析过去，挖掘被埋藏的记忆，探寻档案，但回答我们问题的并不是过去。在沉默面前，我们将我们所认为的答案强加给过去。我们至多可以算是一些腹语术士，而过去则是我们的傀儡。因为，不论我们如何清晰地追问我们过去如何、是谁，我们的过去都如同一个孩子臂弯中的玩偶一般保持着静默。

当然，孩子们在被我们当作礼物送给他们的玩偶里没有发现什么令人不安的东西。只有我们这些跑到幼儿园里的成人，会被玩偶的沉默的面孔所烦扰，鼓鼓胀胀的玩偶像是一些过大的枕头，靠在一张小得无法容纳我们成年身体的床的床头板上。这些我们一度熟悉乃至亲密的东西，现在看来却显得陌生，乃至不祥。

在他1919年的文章《论诡秘》中，弗洛伊德追溯了heimlich（熟悉的）和unheimlich（诡秘）这两个词的词源，以理解诡秘之物与熟悉之物有什么关系。在这一词源学研究之
084 后，弗洛伊德紧接着对E. T. A. 霍夫曼的小说《沙人》进行了心理分析式的阅读。这部小说讲述了一位学生对他的邻居的女儿奥林匹娅的绝望的爱。这个男孩的爱人最终被发现仅仅是一个人形玩偶，一具机器。（“此刻他才第一次看到她制作精美的面庞。只是她的眼睛显得尤其僵硬与死板。”）[1] 这一发现所带来的震惊，纠

1 E. T. A. Hoffmann, "The Sandman," in *Selected Writings of E. T. A. Hoffmann*, vol. 1, ed. and trans. Leonard J. Kent and Elizabeth C. Knight (Chicago: The University of Chicago Press, 1969), 156.

结着那重新回到这位学生身上的、被遗忘的童年恐惧。弗洛伊德解释了霍夫曼的逻辑：

> 令人恐惧的是那些一度被压抑而现在又回来了的东西。这些恐怖的东西构成了诡秘之物。同时，它究竟是本来就令人恐惧，还是来源于另一种情感的问题已经不再重要。其次，如果这真的是诡秘的真相所在，那么我们就能理解为什么在德语的用法中，“熟悉”（heimlich）可以和它的对立面“诡秘”（unheimlich）互换。因为这里的诡秘之物并不是什么新的、怪异的东西，而是为心智所熟知已久，且仅仅是因为遭到压抑才开始疏远的东西。在这里，与压抑的这一联系阐明了谢林对诡秘的定义：“一些应当被隐藏起来，却被公之于

众的东西。”[1]

在考察了这一洞见的后果之后，弗洛伊德
在文末结论处几乎是漫不经心地给出了一个精
085 彩的论断：“对于幽独、静默和黑暗，我们所
能说的不过是：这些因素与婴儿焦虑有关，我
们大多数人永远无法完全克服它们。”[2]

如果弗洛伊德是对的，如果熟悉的、受压抑的东西确会作为诡秘之物而回归，那么，在玩偶中我们又压抑了什么呢？显然，是它的沉默。说到底，儿童并不认为玩偶是沉默的。孩子在娱乐室里重演家庭场景、靠着玩具箱给玩偶上课，或是八岁小孩假装来访的医生去询问玩偶的健康状况——这些即兴剧目似乎都以对

---

1 Sigmund Freud, *The Uncanny*, trans. David McLintock (Harmondsworth: Penguin, 2003), 147 - 148.

2 Freud, *The Uncanny*, 159.

话为特征，尽管观众所听到的仅仅是一位演员的声音。孩子和玩偶的这种嬉戏，在诗歌的戏剧化独白中找到了同类，其中，一位聆听者静默地栖居在诗行中，他的台词从未出现，而只是为发言者所暗示。类似地，当我们无意中听到一个小女孩和她的玩偶因为某些淘气的行为而争吵，我们所听到的也只是这个孩子的独白。

因此，儿童似乎从没意识到玩偶是沉默的——或许除了那些猛捏一下会发出吓人的“妈妈”声音的玩偶外。纳塔乃尔，霍夫曼笔下那个爱上玩偶的学生，也是如此。尽管他所爱的这个机器人只能发出尖利的歌声和机械的叹息，他还是为他爱人的沉默辩护道：“我在奥林匹娅的爱中重新发现了自己。她从不和其他浅薄的人一样，沉浸在对于庸常琐事的喋喋不休里，这对你来说或许很奇怪。是的，她说

086 话很少；但她所说出的那不多的几句话，却是以神圣的语言表达了一个充满爱的内心世界。”[1] 他继续坚持道，“言辞不过是言辞而已！她神圣双眸的一瞥，就胜过千万庸常的言语。”[2] 他先前将他有血有肉的未婚妻斥为一个“该死的、无生命的机器人”，因为后者批评了他的诗作。[3] 而此时，他却没有在奥林匹娅的眼睛中发现任何批评之意，仅有“她望着他时的思念之色”。[4] 不幸的是，这位年轻人的错误被残忍地揭开了：“纳塔乃尔怔在原地；他眼睁睁地看见，在奥林匹娅如白蜡般死寂的脸庞上没有眼睛，只有两个黑洞。她是一只无生命的玩偶。”[5] 纳塔乃尔像孩子一样，固执地将她的

1 Hoffmann, “The Sandman,” 161.

2 Ibid. , 162.

3 Ibid. , 154.

4 Ibid. , 158.

5 Ibid. , 163.

沉默解读为是在精巧地肯定他希望被毫无保留地爱的欲望，但到了最后，他的错觉所强迫他压抑着的一切却将他逼疯了。不过，或许这种压抑恰是成年的一个征兆，而非儿童。

本雅明断言，儿童和我们是不同的。在我们看来是童稚的东西，实际上或许是纯粹的野蛮。因此，我们在成年后压抑了那些为儿童所熟悉的东西——譬如说，玩偶是一具沉默的躯体，完全由活人所摆布——直至一只被遗弃的玩具的死寂的双眼一动不动地牢牢盯住了我们。

人们在很长时间之后才意识到，儿童并不是减小了尺寸的男人或女人，更不用说将这个观念纳入玩偶中去。众所周知，就连小孩的衣服也是在很久以后才变得与大人的衣服截然不同的。事实上约在十九世纪以后。而我们这个世纪看上去似乎希望将这个发现进一步往前推进，非但不将儿童视为小一号的成人，甚至都不太将他们视为人类了。现在人们已经发现了儿童生活那怪诞、残忍、冷酷的一面。当某些温顺、平和的教育者依旧执念于卢梭式的美梦，像林格纳这样的作家和克利这样的画家已经把握住了儿童身上那残暴、非人性的元素。儿童是侮慢的、远离世界的。抛开所有关于毕德麦雅时期[1]之复兴的感伤情绪，米诺纳1916年的看法或许是对的：“……说到底，我的孩子们将不太可

1 毕德麦雅时期（Biedermeier）是指从1815年维也纳公约签订至1848年欧洲革命爆发之间的这段时期。期间中产阶级壮大，同时政治压迫加强，文学艺术的主题倾向于非政治的家庭事务、个人情感与声色犬马。——译者注

能离开他们的断头台和绞刑架了。”[1]

沉默的玩偶和无声的躯体之间的联系最为明显的，要数那个全世界最有名的玩偶了，它的创造是真真切切地在“断头台和绞刑架”下构思的。玛丽娜·沃纳在《幻象：二十一世纪的精神视界、隐喻与媒介》中记述了这个惊悚的故事：

伦敦的杜莎夫人蜡像馆中现存最古老的蜡像叫做“睡美人”：一位女性，以一种所谓被遗弃的姿态平躺着，与其说是睡着了，不如说是入迷了，她似乎永远地悬停在那里，像是墓前的一座雕像等待复活，

1 Walter Benjamin, “Old Toys: The Toy Exhibition at the Märkisches Museum,” in *On Dolls* (Kindle Locations 1059—1071) . Notting Hill Editions; Kindle Edition. (2012 - 11 - 20) .

> 088 她放松的、甚至是慵懒的睡眠是一个击败死亡的妄念。我们很难看到她的脸，除非你绕着她从上往下看——这个反转的视角将她的咽喉和胸部呈现给了观者。而这恰是她最引人注目的地方：她的胸部随着呼吸一起一伏。她看上去像是活着，像是真的，像是她已经超越了时间和死亡；她造就了一个生命的幻象，让观者啧啧称奇。[1]

沃纳接下来解释了“睡美人”的历史。它于1765年以路易十五22岁的情妇玛丽·让娜·杜巴利为原型而铸造，作者是瑞士的医生

---

1 Marina Warner, “On the Threshold: Sleeping Beauties,” *Phantasmagoria: Spirit Visions, Metaphors, and Media into the Twenty-first Century* (Oxford: Oxford University Press, 2006); *On Dolls* (Kindle Locations 1235—1241). Notting Hill Editions; Kindle Edition. (2012-11-20).

兼蜡像师菲利普·柯蒂斯，他后来成了杜莎夫人的老师。直到 1995 年，杜莎夫人蜡像馆依旧坚称“睡美人”确实是柯蒂斯制作的杜巴利夫人的蜡像，尽管在二十世纪初曾用一个电动的法条胸部对其进行了改进。（这位女性的蜡制面孔据说不是杜巴利的，而是可爱又贞洁的圣阿马兰特夫人的，她在拒绝了罗伯斯庇尔的引诱后被送上了断头台。）杜莎夫人在法国大革命后的恐怖统治中几乎被处决，后来她发现，为死去的名人，譬如路易十六、玛丽·安托瓦内特、马拉，甚至罗伯斯庇尔制作面像是门不错的生意。[1]

到了 1802 年杜莎在伦敦展览自己的作品时，她的收藏中已经又添了两个“睡美人”。沃纳写道，“在另两个横躺的人像上，柯蒂斯

1 http：//en. wikipedia. org/wiki/Marie _ Tussaud.

或杜莎以砍下的头颅作为模板：一个自称为目击者的同代人描述了在玛德莲公墓里，柯蒂斯如何用他的手指和拇指捏挤、调整杜巴利的面容：'他在她死后的脸庞上摆出了一个笑容，使她变得美丽而迷人'——杜巴利是少数几个至死都在暴烈地抗议的受害者之一。之后他直接在墓边的草地上倒上了一层蜡，将切下的头颅滚到上面，以此取得了她的面目的印痕。"[1]

"睡美人"混合了沉睡和死亡，像是一个被麻醉的朱丽叶等待着她的罗密欧，她是一个真人大小的玩偶，在这个睡美人的熟悉身影下，压抑着可怕的真相：一具尸体的脸被捏出笑容，并被涂上脂粉，以掩盖她脸颊上的灰色的蜡油。

---

1 Warner, "On the Threshold: Sleeping Beauties," Kindle Locations 1457—1458.

布鲁诺·舒尔茨的《裁缝的人偶》讲述了一个人的父亲在一具裁缝的人偶边向工作中的裁缝发表演讲的故事。其中，舒尔茨加进了一段骇人的旁白："你们是否在夜里听到这些被关在展位隔间里的蜡人的恐怖的嚎叫；这些木制或陶瓷的人形的可怜合唱，用拳头擂打着他们监狱的墙壁？"[1]"睡美人"的阴森历史几乎让我们确信，独自身处黑暗的蜡像博物馆里，或许那个年轻的妇人确曾在睡梦中、在她忍受了两个多世纪的恐怖梦魇中哭喊。

然而，不，比她在夜半的嚎叫更恐怖的是 090
她永恒的沉默，尽管她的胸脯起起伏伏。

在弗兰克·鲍姆的《奥兹国女王》里，"睡美人"那可替换的头颅找到了一个恐怖的

---

1 Bruno Schulz, "Tailors' Dummies," in *The Street of Crocodiles*, trans. Celina Wieniewska (Harmondsworth: Penguin, 1977), 65.

同类。这是鲍姆写给孩子们的奥兹系列的第三部小说，其中，桃乐丝被无头的兰格威德公主捉进了监狱：

> 现在我必须向你解释，兰格威德公主有三十个脑袋——和每个月的天数一样多。不过当然，她每次只能戴一个脑袋，因为她只有一个脖子。这些脑袋被保存在被她称为“阁房”的地方，那是一个漂亮的更衣室，位于兰格威德的卧室和她那装着镜子的客厅之间。每个脑袋都装在橱柜里，内衬丝绒。橱柜摆满了更衣室四周，外边有装饰精美的门和金制的号码，里面有珠宝环绕的镜子。
>
> 当公主在早晨从她的水晶床上起来，就会走向阁房，打开一个垫绒的橱柜，从金制的架子中取出里面的脑袋。之后，在

> 打开的门内装着的镜子的帮助下，她把脑袋装上——装得越干净越直接越好，之后，她唤来女仆为她准备一天的着装。[1]

正如本雅明指出的，儿童乐于操弄那些无
助的、饱受磨难的玩偶，就像我们在鉴赏那沉

默的、沉睡的女性蜡像时一样。但儿童知道， 091
去折磨一些会抱怨的东西所获得的快感更多。
这种痛苦的哀嚎将宠物和玩偶区分了开来，就
像波德莱尔在《玩具的哲学》里解释的：

> 在一个精致的花园（花园尽头隐现着一座漂亮的城堡）的铁门后有一条大路，路上站着一个英俊而精神的小伙子，他穿

---

1 L. Frank Baum, Ozma of Oz, in *The Wizard of Oz*: *The First Five Novels* (New York: Fall River Press, 2013), 325 - 326.

着那种充满风情的乡村服饰。奢侈、洒脱，以及财富的奇观将这些孩子装饰成了另一种生物，截然不同于那些生长在平凡与贫困中的孩子。在他身边，一只巨大的玩偶躺在地上，看起来和它的主人一样干净整齐，镀着金漆，穿着漂亮的短衣，披着毛皮和玻璃的项链。但这个孩子对这个玩具不屑一顾。他所凝视的是这个：在铁门另一边的路上，在木蓟荨麻里站着另一个男孩，肮脏，有些蹒跚，脸颊上挂着的鼻涕缓缓拖出一条灰尘和污垢的痕迹。在那些具有象征意味的铁栅栏之间，这个穷孩子正在向那个富孩子展示他的玩偶，而后者正贪婪地看着、盯着它，像是一个罕见而未知的物件。而这件玩具，这件正被这小孩所折磨、被他放在临时的笼子里上

下摇晃的玩具，是一只活老鼠。[1]

自然，成年人不玩玩偶。相反，他们戴上 092
面具，自己成为玩偶。而绑在人脸上的面具的沉默，要远比玩偶的静默可怕得多。我们怎么去理解一个用狂欢节服装把自己再造成一个玩偶的人？——身上穿着小丑服、头上的帽子和铃铛叮叮当当、漠然的面具像一张陶瓷的脸一样僵硬，而那双眼睛，那双依旧和人一样的眼睛，带着隐秘的欢乐看着我们？

有没有什么矛盾，是比人眼躲在面具后戏仿人脸更令人战栗的吗？而从面具那令人不快

---

1 Charles Baudelaire, "Morale du Joujou" first appeared in *Le Monde littéraire*, April 17, 1853, and was included in *L'Art romantique* (1869), translation by Paul Keegan, from *Essays on Dolls*, ed. Idris Parry (Harmondsworth: Penguin, 1994); *On Dolls* (Kindle Locations 345 - 353) . Notting Hill Editions; Kindle Edition. (2012 - 11 - 20).

的沉默中，我们又能学到什么可怕的东西呢？我们在戴着面具的狂欢者那沉默的冷漠中辨认出的，除了我们自己，还有谁呢？无表情的面具映照出的恐怖在于，在我们每一个人内心都潜伏着一个变态，在他人的苦难前不为所动，仅仅关注我们自己的利益。当然，我们从不提及这种可能；压抑也是一种静默的形式。

因此，人们就可以理解某些文化对于树立偶像的反感，或许还会疑惑我们西方对于这些东西的无动于衷。就此而言，一个塑像，或任何肖像，都是——什么呢？——一个硬化了的幽影，一段凝结起来的记忆。玩偶怎么会不使我们担忧呢？——它们永远撅起的涂着胭脂的嘴唇，它们瓷制头颅上插进的卷曲打结的微型假发，它们易碎的陶瓷手脚，缠绕固定在塞满稻草的纱织的手臂与腿部。谁会为由这些小矮

人的出现所造成的不安道歉？撇开那个每一颠
簸就要抽动开闭一次的重心糟糕的眼皮，玩偶
比活人更像是尸体。然而我们却将它称为玩 093
具，把它强加给我们的孩子。

当然，归根到底，几乎所有的玩偶实际上都是屈从于我们的意志的沉默的受害者，不论是我们在城市广场上焚烧的那个为人不齿的政治家的没有嘴巴的人像、我们在桌上战场中放翻的毫无怨言的玩具士兵，还是犹太传说中成为仆人的那个无言的泥人[1]，抑或我们扔给孩子随便摆弄的那个碎布玩偶。

关于玩偶的静默的这条根本真理，在汉斯·贝尔默的作品中被无比赤裸地展现出来。1934 年，他以《玩偶》为名出版了他以自己

---

1 这个泥人名叫戈伦（Golem），在犹太传说中，它由巫术灌注黏土而成，具有自由行动的能力。——译者注

的玩偶为主题的一系列照片，以及同期创作的其他作品。贝尔默将雅克·奥芬巴赫的歌剧《霍夫曼的故事》——这部歌剧的第一幕基于《沙人》和其中的主角对机器人奥林匹娅的注定无望的爱——引述为他那个令人不安的真人大小的裸体玩偶的灵感来源，他将被肢解的脑袋、躯干、球型接头、四肢以怪异的方式组装在一起，扭曲成富有明显性意味的姿势，并展现成抽搐的怪物。[1] 贝尔默的玩偶总是女性的，并且总是展现为躯体任意地张开的姿势，它们双腿分开，常常只穿着一双女学生式的白色长袜和黑色皮鞋，用罗伯特·休斯的话说，这些玩偶“几乎无限淫秽”。[2] 这些玩偶从不抗议它

1 Hans Bellmer, quoted in Peter Webb and Robert Short, *Hans Bellmer* (New York: Quartet Books, 1985), 29.

2 Robert Hughes, *The Shock of the New* (New York: Knopf, 1981), 252.

们所忍受的扭曲、截肢和畸形，它们是完美的受害者：顺从而沉默。

而我们怕它们。

12

噤声

我和妻子玛莎第一次访问佛罗伦萨的时候还是学生，当落日将阿诺河涂上金黄，我们在自己那间受蝙蝠侵扰的客房附近发现了一间小饭馆。玛莎是由她的祖母在附近的海滨胜地维亚雷焦带大的，当她用一口意大利语点餐时，她的口音肯定会被我们的老服务员错认为她是托斯卡纳本地人。但是，这位服务员一开始却拒绝在他的点餐本上写上任何东西，继而很不耐烦地用一声严厉的“小姐!”打断了她，并用探询的表情转向我。只有在我点头之后，他才开始记下我们的点单。

后来，在学习教书技巧时，我读到一篇文章，说不论男教师还是女教师，都有打断回答问题的女学生——而非男学生——的倾向。我自然觉得自己绝无这种性别偏见，直到我开始试图刻意限制自己不去打断学生。很快我就清楚地发现，当女学生在回答问题时，我不得不提醒自己去等她说完，而当一个男生在课堂上发言时，我很少需要这种自我提醒。我发现，当回答问题的是男学生时，我很少会有去打断他的念头。

095 尽管这份研究表明，即便我自己是女性，我也同样会去打断女学生，但这也并没有让我感到舒服一些。而一个更让我忧虑的发现是，我的女学生们在她们的整个人生中都忍受着这样的教育。其中，老师总是打断她们的看法，而却给予她们的男性同学以充分的注意。我们很难相信，教师和其他德高望重者的这类行为，不会对那些因为被打断而噤声的人，或是那些因为受到一些没那么明显的压力而屈从于男性同伴的判断的人造成一生的后果。

我们生活在一个女性经常被噤声的世界，这种噤声时常是暴力的。然而，由经常被噤声而带来的日常屈辱已经如此深刻地揳入了女性的经验，以至于像服务员或教师的打断这样不那么戏剧性地遭到他人强迫沉默的案例，事实上或许要比那些残暴的例子更为充分地说明了沉默在维持社会现有权力分配中的角色。受到这本小书的篇幅所限，我将只举一个例子，但是，禁止妇女或者其他被强权话语所边缘化的群体发声的故事汗牛充栋。

贝西·邓崎努斯和艾米利亚·李贝罗·佩德罗分析了一个日常生活中极容易被忽略的妇女噤声的例子，并展现了它的丰富内涵：在街

096 上指路。[1] 在回顾关于沉默与性别的研究文献时，她们找到了一份早先的研究，它的作者“所呈现的数据表明了男性如何在他们与女性的日常沟通中以保持沉默来行使权力。丈夫们相对沉默的行为倾向于使他们的妻子噤声，后者则会更努力地去维持沟通，但这些努力换来的却是困惑，因为她们的伴侣常以‘无回应’来打破话轮转换。”[2] 邓崎努斯和佩德罗发现，“权力通常借由言说来施行”，但同时，“权力……或许也借由沉默来施行”。

而在权威的最高等级上，后者或许更受欢迎。戴高乐在他出版于 1932 年的关于领导能

1 Bessie Dendrinos and Emilia Ribeiro Pedro, “Giving Street Directions: The Silent Role of Women,” in *Silence: Interdisciplinary Perspectives*, ed. Adam Jaworski (Berlin: Mouton de Gruyter, 1997), 215 - 238. All related quotes are from this source.

2 话轮转换（turn-taking）是指对话双方交替、有序发言的模式。——译者注

力的思考《剑锋》中写道，“没有什么要比沉默更能增强一个人的权威了，它是强者的加冕礼，弱者的避难所。”[1]（他的这个惊人洞见并未因翻译而失色。）然而，戴高乐进一步指出，“沉默是权力的终极武器。”[2]他的一部分意思当然指向萧伯纳《回到玛土撒拉》（1921）中的那句“沉默是表示轻蔑的最完美方式”。[3] 但除此以外，有权者还可以毫无罪责地忽略无力者的提问、无告者的要求。达·芬奇认为，“没有什么东西像沉默一样巩固了权威。”[4]（当然，你可以将这句话理解为，被统治者的沉默巩固了统治者的权威。但另一方面，达·芬奇总是

---

1 http：//evene. lefigaro. fr/citation/rien-rehausse-autorite-mieuxsilence-splendeur-forts-refuge-fai-41364. php.

2 http：//www. goodreads. com/author/show/490153. Charles _ de _ Gaulle.

3 http：//www. quotationspage. com/quote/30170. html.

4 http：//www. goodreads. com/author/quotes/13560. Leonardo _ da _ Vinci.

097 乞怜于位高权重的赞助人，他实在是太熟悉在苦恼中长久地等待有权者打破沉默授予他新的委任的滋味了。）

不过，在街上给人指路时，似乎总是说话的人具有权威。研究者的结论源于三十四个随机案例，其中，一位女性在葡萄牙和希腊的各个城市或小镇向不同的人群问路；她在两个国家得到的回应没有显著的区别。

一些有趣的具有性别特征的细节浮现了出来。当女性没法给予指导时，她们会道歉；男性不会。在指路时，女性使用“你可以”；男性用“你必须”。男性更倾向于重复。然而，在指路时最具有性别特征的元素是沉默。

譬如说，在有的案例里，当一对女性一起被问路时，“谁来提供信息似乎是通过（眼神接触）协商决定的”。而在另一边，一群男性会一同发言，直到一个人出来指路为止。但在几乎所有男女都在场的组合里，“最后总是由男性充当信息提供者的角色”。在场的女性要么始终保持沉默，要么被噤声。在女性指示完方向后，她们总是会“放弃信息提供者的角色。只有一个案例中，当男性结束发言后，女性出来确认了她的伴侣说的内容，并且逐字重复了他最后的话。”而在其他案例中，那些可
以纠正男性所提供的不准确的方向信息的女 098
性，要么保持沉默，要么会提个问题来促使男性重新思考自己的答案。

一个尤其有趣的例子来自于一小群三十到四十岁的男性被问路的案例：

> 其中一个男的立刻回复了，并且在不受他人干扰的情况下给出了一段冗长而复杂的指示。一位从附近的面包房走出来的

> 二十来岁的女性听到了这段混乱的解释后，出面帮忙澄清那个男人的说法。而当她刚要开始说话，就被那个刚才发言的男人打断了，后者现在又开始重复自己之前所说的话。那个女人再次介入，这次她得以完成她的简短而准确的指示。而此时，另一个目击全程的男人加了进来，以一种响亮而权威的口吻开始发言，好像要纠正那个女性发言者。但是，他只不过是把这个女人所提供的信息换个方式说了一遍。

在这份仅有两个女性得以提供指示的案例中，最后发言的依旧是男性。另一个例子让我想起了近半个世纪后我们在佛罗伦萨的那顿
099 晚餐。这个例子里也有一对年轻夫妻，在那位女性给了两句简单的说明后，“她的男性伴

侣看着我们并确认：‘对，就是这样。’”

在很久以前的那个夏夜斥责玛莎的那位老服务员一定会赞赏这个年轻人的。

13

静默与秘密

《静默》是一部十三世纪的法国浪漫小说，直到 1911 年之前，它一直被掩埋在一位英国贵族的故纸堆中。最近的一个译本的导言总结了这个使人惊奇的故事：

> 故事的情节用最简单的话说是这样的：康沃尔郡的公爵卡多尔和他夫人尤弗蜜生了一个女儿，取名叫“静静”。但是，这个女孩却被当成男孩养大，因为英格兰国王伊班不允许女子继承王位。当她接近成年时，出现了“先天自然”和“后天教

养”这两个寓言式人物，他们争吵不断并折磨着她。理智告诉她应该继续作为男人而生活。她跑了出去，学会了吟游诗艺，并成了一位著名的骑士。由于屡次拒绝伊班的性感妻子尤弗美的挑逗，她被要求去完成一项看上去毫无希望的任务：抓住梅林。梅林曾预言，他只会被女人的计谋所擒获。“静静”成功了，但她却被梅林揭
101 穿了身份，同时被揭穿的，还有王后和王后最新的情人，他假装成了一个僧人。正义最终到来，女性的继承权被恢复，在嫁给伊班后，“静静”成了英格兰女王。[1]

位于《静默》这个浪漫故事核心的是一个

1 *Silence: A Thirteenth-Century French Romance*, trans. Sarah Roche-Mahdi (East Lansing: Michigan State University Press, 2007), xi-xii.

秘密，通过将女主角命名为“静静”，该书作者承认了秘密是某种形式的静默。在秘密的发起者的守护下，秘密隔离了——甚至隐藏了——知识。我们几乎是本能地认识到了它的力量，乞求被允许进入它内部的圣地，由静默所环绕。出于对被禁止之物的饥渴，我们催逼着更多细节。一旦被拒，我们或许会开始仇恨那些将知识掩盖起来的权威。

这样的反应是一种现代个人主义的表达；与之不同，传统社会却承认了秘密的必要性：有些东西不应为所有人知晓，有些东西不应被任何人说出，有些东西必须被隐匿在静默中。

就它本身而言，《静默》让人想起当代（或许延续了几世纪的）阿富汗的“女扮男装”(Bacha Posh)，它的字面意思是“打扮成男孩”，在实践中，一个女孩会被选出来当成男孩抚养。正如杰宁·诺德伯格所解释的，和那个女主角“静静”一样，大多数小孩最终都恢复了女儿身，同样和“静静”类似，这往往是出于一些实际的目的：

> 在一个儿子受到更多重视——因为在部落文化中只有他们能够继承父亲的财富，传承宗姓——的地方，没有儿子的家庭会受到怜悯与鄙视。即便是一个假的儿子，也会提升家庭的地位，至少在几年内如此。“女扮男装”的孩子也更容易接受教育，离家工作，甚至在公众场合护送她的姐妹，由此在一个男女大防严格的社会里，为女孩子们带来一些从未有过的自由。[1]

1 Jenny Nordberg, “Afghan Boys Are Prized, So Girls Live the Part,” *The New York Times*, A1, September 20, 2010. Accessed March 21, 2015. http://www.nytimes.com/2010/09/21/world/asia/21gender.html.

一个传统社会，尤其是一个相对孤立的社会，或许能够维持一种依赖于保密制度（如“女扮男装”）的体制。但是挥霍着各种类型的静默的现代社会，却以揭穿各种秘密为乐——不论是名人丑闻，耻辱的真人秀，色情片，或是政治秘闻。

在一个揭去了帷幕的世界上生活所具有的后果，正如生活在一个失去了静默的世界上所要付出的日常代价。

在美国国家安全局雇员爱德华·斯诺登揭露了美国的秘密监视计划后，《金融时报》刊发了约翰·桑希尔的一篇评论。评论开篇他便承认政府、英国国会议员、警察乃至媒体的劣迹：“你能够信任那些以揭其他机构之短为乐事的媒体吗？人们声讨它，说它混淆了新闻报道和行动介入的界限……政客正在质问，是谁赋予了报纸编辑——以及他们隔壁的那些记

者——以权威，来判断什么东西对国家利益有
103 益，什么东西对国家利益有害？”在我的有生之年，美国的历史充斥着身居高位者对公共信任的背叛——五角大楼文件、水门事件、伊朗军售丑闻，以及在天主教主教庇护下从一个教区轮调到另一个教区的恋童癖牧师们。在我的经验里，在位者总是用秘密（静默则是秘密的掩护）来隐藏错误与罪行。然而，桑希尔指出了我们为日渐增长的透明度所付出的代价：

> 理想主义者或许会哀叹我们的体制中的这场信任危机，并主张进行一场更为真诚的辩论。有些人要求更多的透明度与责任制。然而，哲学家奥诺拉·奥尼尔却质疑这些是否是重建信任的最佳药方。十几年以前，在她睿智的莱斯系列讲座中，奥尼尔指出，恰是在人们热烈地追求透明度

与责任制的那几年里，公众的不信任飞速增长。信息革命或许是反专制的，但它同时也可能是反民主的。“透明与公开或许并不是它们所看上去的那种无条件的好东西。同样地，秘密与透明度的缺失或许亦非信任之敌。”她说。[1]

在克林顿弹劾案的听证会期间，我在一次作家会议上发表了一场演讲，其中我问道，全国各地的报纸都在讨论口交是否构成“性关 104
系”，这样的讨论会有什么样的影响？我承认，保守派无疑可以借由事无巨细地揭露总统与一位年轻女性的奸情而捞取政治资本，但我担心的是，将这种话题引入全国的公共话语之中，

1 John Thornhill, “How can we defeat terrorism if all the trust has gone?” *Financial Times*, August 23, 2013.

必然进一步将我们的文化变得低俗——而这恰恰是那些保守派所口口声声地痛斥，并矢志不渝地归咎于自由派的状况。我认为，社会习俗原本在公共报道面前保护着个人，然而一旦隐私流于公众，它将再也无法重获社会先前所赋予它的那种静默。

约十来年以后，我又想起了这次演讲。当时，国际笔会/福克纳基金会请我到新奥尔良一所2005年溃堤之后重建的中学做个报告。组织方在我到达之前将我的小说《牡蛎》发给了学生和老师们。这部小说的背景设定在1957年的普拉克明县，它记述了两个家庭围绕牡蛎合同展开的世仇。其中，石油公司在路易斯安那沼泽铺设油管，由此摧毁了那里繁衍生息数百年的湿地和牡蛎礁。

在我原本的期望中，学生可能会问到女性角色的转变，因为书里追溯了四代女性的故事，或是问到推动了多处情节发展的暴力。然而，学生们感到惊讶的却是那些贯穿了五十年前那座郊远小镇生活的方方面面的秘密。一位学生说道，她觉得成人们瞒着自己的家庭成员的那些秘密，要比我所描述的所有谋杀更 105
可怕。

站在那里，我意识到他们是在一个没有秘密的世界里成长起来的。没有任何东西被隐藏；没有任何语言被禁止；没有任何知识被延宕。因此，他们会为这样一种观念而感到不安：有些人隐藏着他们人生中最重要、最私密、最令人震惊的经验，而非将这些故事分享给他们的家人，或是放上社交媒体，或是其他一些公共平台。

他们所身处的世界与我是多么地不同：在我的世界里，我的母亲和她的姐妹在谈及一些家庭私事时会切换成意大利语，以在我们这些小孩面前保守秘密。（不过，多亏我在学校里学的一些拉丁语，我对珍妮阿姨离开乔叔叔这事儿并不是非常意外。）

在一切都会被道尽时，言谈永远不会停息。静默与它所守护的秘密一同被放逐。然而，当越来越多的秘密在公开的检视下凋亡，有一种秘密却由于因特网而得到了比先前任何时候都更为广泛的运用。

2013 年，奥诺拉·奥尼尔与乔西·布斯进行了一场关于因特网上的匿名规则的对话，其中奥尼尔谈及了秘密与静默的这一交点。一条匿名帖子的作者当然是一个秘密；而匿名写作则是——戏仿一下由海德格尔和德里达所发明的那个概念——一种消抹式的写作。而消抹，和空格一样，是文本中的静默时刻。如果在我
106 们寻找作者之名时遇到的答案是沉默，那么我们不难将匿名不仅定义为一种秘密，更定义为

一种静默。尽管奥尼尔承认，在有些情况下，匿名是情有可原的，但她的结论是，一般而言，匿名是反民主的：

> 辩论是互动式的，因此具有某种可修正性。当你不知道辩论对方的声音是从哪里来的，甚至不知道对面有几个人；当你不知道你的言辞是否正被编辑，被以某种方式导入某些特定通道；当你不知道你所说的东西将如何被传播开去——在我看来，这些最终将明白无误地证明匿名对民主的破坏性。同时，你也不知道这些你无法追溯源头的评论代表了哪些利益，或谁在为它们买单。这些是在思考媒体对民主的贡献时最基本的要素。我对此的看法是，纯粹的匿名很有可能是一种不可接受的东

西，它显然无益于民主。[1]

同时，2014年的欧洲出现了更有趣的匿名形式："欧洲法院判决，个人的'被遗忘权'是如此强大，以至于谷歌和其他网络搜索公司
107 可能会被强迫删除有关链接，尽管其所涉及的信息本身是准确而合法的。"[2]

正如上述判决表明的，被遗忘权成为了欧盟公民的基本权利之一。法院在对司法程序的解释中考察了搜索引擎对这一权利的影响：

本庭在这一语境中指出，上述运营者

---

1 Josh Booth, "Power and publication: an interview with Onora O'Neill," *King's Review*, October 28, 2013. Accessed March 22, 2015. http://kingsreview.co.uk/magazine/blog/2013/10/28/power-and-publication-an-interview-with-onora-oneill.

2 Editorial Board, "Ordering Google to Forget," *The New York Times*, May 13, 2014. Accessed March 22, 2015. http://www.nytimes.com/2014/05/14/opinion/ordering-google-to-forget.html.

对个人数据的处理使得任一网络使用者，当他以某人的姓名为基础进行搜索时，都能从结果列表中获得一份与该个人相关的网络信息的结构化概览。本庭进一步注意到，这一信息有可能涉及大量与他的私人生活相关的方面，如果没有搜索引擎，这些信息将不会，或是只有在克服相当大的困难之后才会发生互相联系。网络使用者由此可以建构一份被搜索者的较为详细的个人档案。此外，网络与搜索引擎在现代社会中所扮演的重要作用，进一步凸显了对个人权利的干涉所造成的影响，这一作用使得包含在上述结果列表中的信息可以为所有人看到。有鉴于上述潜在的严重性，在本庭看来，这种干涉无法仅仅由于运营者在数据处理中获得的经济利益而被合法化。[1]

108 遗忘同样也是一种静默，如果不是一个秘密的话。至少对于欧洲人来说，遗忘现在成了他们的权利之一，借由这一权利，他们或许可以去尝试保护那些被公之于众的秘密。或许，被遗忘是我们今天的任何人所能想望的最大的秘密。

1 Court of Justice of the European Union, "Judgment in Case C-131/12: Google Spain SL, Google Inc. v Agencia Española de Protección de Datos, Mario Costeja González," Luxembourg: Press Release No. 70/14, May 13, 2014. Accessed March 21, 2015. http://curia.europa.eu/jcms/upload/docs/application/pdf/2014-05/cp140070en.pdf.

14

静默的未来

写这一章时我坐在一家咖啡馆里。一台高高放置在墙角架上的电视机里正播着今天的天气、本地道路交通状况以及昨晚的谋杀案。尽管现在还很早，但说话者的声音听上去就像一首不和谐的爵士乐里的一段沙哑的萨克斯风独奏。几乎每台笔记本边都放着手机，短信的声音此起彼伏。一个长着胡须的男人正在柜台后将咖啡豆磨成粉；特浓咖啡机鸣叫着将牛奶注入一只小壶；电冰箱不停颤动。一个年轻的女人在桌子间走动，将脏杯子脏碟乒乒乓乓地收进塑料箱子。在我身后，一个男人在电话里跟他的律师谈着推迟当天晚些上庭时间的事儿。尽管才三月，空调已经在小店另一边的窗口咆哮了。有人打开了店门，整个街区的喇叭声、警笛声、汽车警报声便都涌入了这间嘈杂的，阅读、写作与低声谈话的避难所。

112 原来放置取暖器的地方摆上了一只小书架，我从上面取出一本《国家地理》。它已经在那儿放了四年了，里面的第一篇深度报道哀叹海洋深处的生活被人类噪音所侵扰。我读到，2009年美国最高法院作出了对噪音有利的决断：“本庭的判决维护海军军舰测试搜寻潜艇的声呐系统的权利，这一系统发出的强烈的脉冲音波被认为与几起大规模鲸鱼搁浅有关。但海军并非唯一的凶手。石油公司的船只拖带着一系列气枪进行全天候连续发射，声音之响足以用来定位埋藏在海床下方的石油——其声音在数百英里之外都能听见。水下工程的施工在海床打桩，并在上面用炸药炸开孔洞。”

我一直读到了文章的末尾：

> 康奈尔大学生物声学研究项目主任克里斯托弗·W·克拉克说，在大多数的时间里，近海水域的鲸鱼能够听到彼此声音的区域范围，已缩减到了其自然水准的10％到20％。
>
> 克拉克研究的是濒危的北大西洋露脊鲸，它们的栖息地涵盖了波士顿港的繁忙航道。2007年，他和他的同事们在马萨诸塞湾布置了海床记录仪和自动监听浮标网。基于三年的不间断记录，他们编制了一份完整的水下“噪音预算”。根据数据制作的彩色动画显示了露脊鲸所收到的同类呼唤在船只经过时被完全被淹没了。 113
> “鲸鱼的社交网络持续地被剥夺、重组，”

克拉克说。由于无法交流，单独的鲸鱼很难找到彼此，因而独自度过更长的时间。[1]

我合上杂志，发现杂志黄色格子的封面上，这期主题文章的标题里所有的大写字母都在对我咆哮："70亿人口：你的世界将会怎样。"然而我依旧想着那些露脊鲸，在大西洋喧闹的深处无望地呼唤着同伴。

那么，静默的未来会怎样？

更多孤独的鲸鱼吧，恐怕。

1 Leslie Allen, "Drifting in Static," *National Geographic* 219, no. 1 (January 2011): 33.

索引*

* 本索引所示页码为原书页码，即本书边码。——译者注

C

OBJECT LESSONS

G

H

OBJECT LESSONS

M

OBJECT LESSONS

OBJECT LESSONS

O

P

R

S

OBJECT LESSONS

T

U

V

W

OBJECT LESSONS

Y

图书在版编目（CIP）数据

静默：是奢侈，还是恐惧？/(美) 约翰·毕谷纳特著；康凌译.

-- 上海：上海文艺出版社, 2017

(知物系列)

ISBN 978-7-5321-6548-3

Ⅰ.①静… Ⅱ.①约… ②康… Ⅲ.①世界史－文化史 Ⅳ.①K103

中国版本图书馆CIP数据核字（2017）第326464号

This translation is published by arrangement with Bloomsbury Publishing Inc.

著作权合同登记图字：09-2016-822号

发 行 人：陈　征

策 划 人：林雅琳

责任编辑：胡艳秋

装帧设计：胡　斌

书　　名：静默：是奢侈，还是恐惧？

作　　者：(美) 约翰·毕谷纳特

译　　者：康　凌

出　　版：上海世纪出版集团　上海文艺出版社

地　　址：上海绍兴路7号　200020

发　　行：上海文艺出版社发行中心发行

上海市绍兴路50号　200020　www.ewen.co

印　　刷：山东临沂新华印刷物流集团

开　　本：760×1000　1/32

印　　张：6.625

插　　页：3

字　　数：70,000

印　　次：2018年1月第1版　2018年1月第1次印刷

I S B N：978-7-5321-6548-3/G.0204

定　　价：26.00元

告 读 者：如发现本书有质量问题请与印刷厂质量科联系　T: 0539-2925888

OBJECT LESSONS
知物

小文艺口袋文库·知物系列

问卷 _ 潘多拉的清单

静默 _ 是奢侈，还是恐惧？

弃物 _ 游走在时间的边缘

面包 _ 膨胀的激情与冲突

即将推出（书名暂定）

玻璃

密码

时差

发

兜帽

袜子

树

地球

小文艺口袋文库·小说系列

报告政府　著——韩少功
我胆小如鼠　著——余华
无性伴侣　著——唐颖
特蕾莎的流氓犯　著——陈谦
荔荔　著——纳兰妙殊

二马路上的天使　著——李洱
不过是垃圾　著——格非
正当防卫　著——裘山山
夏朗的望远镜　著——张楚
北地爱情　著——邵丽

群众来信　著——苏童
目光愈拉愈长　著——东西
致无尽关系　著——孙惠芬
不准眨眼　著——石一枫
单身汉董进步　著——袁远

请女人猜谜　著——孙甘露
伪证制造者　著——徐则臣
金链汉子之歌　著——曹寇
腐败分子潘长水　著——李唯
城市八卦　著——奚榜